70歳就業時代
高年齢者活用の
ポイント

人事労務コンサルタント／社会保険労務士
二宮　孝 著
Ninomiya Takashi

労働調査会

はじめに

2022年9月、敬老の日を前にして総務省が高齢者についての調査を発表しています。

これによると、2022年の日本の人口は前年と比べて82万人減少しているにも関わらず、65歳以上の高齢者は3627万人と、前年と比べて6万人ほど増えています。総人口に占める割合も29.1%と、前年より0.3%増えてきています。

国立社会保障・人口問題研究所の推計によると、この割合は今後とも上昇を続け、第二次ベビーブーム（1971～1974年）に生まれた世代が65歳以上となる2040年には35.3%と全人口の3分の1を超えるとの予測を発表しています。

また、2021年における65歳以上の働く高齢者は2020年と比較して6万人増えて909万人となり、18年連続しての増加で過去最多になりました。

就業率をみると25.1%で、うち65～69歳に限ってみると50.3%となり、初めて過半数になったとのことです。この背景として、高年齢者雇用安定法※改正などを始めとして、人手不足、人材不足の影響が大きいとみることもできます。

なお、世界の主要国でみると、高齢者の就業率を比較すると日本は韓国の34.9%に次いで高い水準にあるようです。

以上からみても、いつの間にか日本は高齢化がかなり進み、企業においても高年齢者が増えてきているのです。高年齢者が今後いっそう貴重な戦力となることは間違いなく、言い換えると、若年者の育成、登用とともに、これまでの経験を活かしつつ、活性化した高年齢者を活用するかが、企業の存続のカギを握っているともいえるでしょう。これを念頭において、本著ではとくに中小企業を対象とした高年齢者の有効活用に向けての課題を整理してみたいと思います。

注；“高年齢者”は、法規を中心に使われている用語で、本書では原則としてこれに沿った表現としています。

70歳就業時代
高年齢者活用のポイント

CONTENTS

第2編 多様で選択型の働き方

第3編 適応する人事賃金制度

＊ 本書において「高年齢者雇用安定法」「高年法」とは、「高年齢者等の雇用の安定等に関する法律」を指します。

第1編

70 歳就業に向けての基本的理解

第１章

改正高年齢者雇用安定法の理解

－ 何が変わり、何を実行すべきか －

法改正のあらまし

1. 70歳までの努力義務としての雇用措置と創業支援措置

厚生労働省の「高年齢者の雇用状況等報告」によると、2021年現在、66歳以上まで働ける企業は、４割近くと増えてきており、また65歳を超えて働く希望を持つ者は増えてきているようです。

このようななか、高年齢者雇用安定法が2021年（令和３年）４月１日より改正施行され、70歳までの就業が努力義務となりました。この改正により、企業は以下のなかから選択を行うこととなりました。これまでと異なるのは、雇用のみならず、新たに創業支援等を含めて①～⑤のいずれかの措置を選択（組み合わせも可）する「努力義務」を負うことになったということです。

まずは下表を参照願います。雇用に関する措置（①②③）としては、改正前でも65歳までは義務となっていましたが、これに70歳までの５歳分延びた部分についても努力義務として追加されることになりました。

雇用に関する措置	
義務	2021年4月～⇒ **努力義務**
① 65歳までの定年引上げ	① 70歳までの定年引上げ
② 65歳までの継続雇用制度※の導入（特殊関係事業主に加えて、他の事業主によるものを含む）	② 70歳までの継続雇用制度※の導入
③ 定年廃止	

※ 勤務延長制度
　継続雇用制度には、再雇用以外に勤務延長があります。これは、定年年齢に達した従業員を退職させることなく雇用を延長させる制度であり、中小企業などで見受けられます。雇用関係としてあいまいであることが否めません。

さらに新たな選択肢として、下表の創業支援等の措置（④・⑤）についても努力義務として追加されました。ただしこれらの導入にあたっては、計画書の策定から過半数組合または過半数代表者の同意を得る必要があるなどハードルが高いこともあって、実施する企業はまだ一部のみで、現状では様子眺めの企業がまだ多いといえます。

創業支援等の措置（雇用以外の措置）⇒努力義務
④ 高年齢者が希望するときは、70 歳まで継続的に業務委託契約を締結する制度の導入
⑤ 高年齢者が希望するときは、70 歳まで継続的に a. 事業主が**自ら実施する社会貢献事業**，b. 事業主が**委託・出資（資金提供）等する団体**が行う**社会貢献事業**に従事できる制度の導入

●図表 1 - 1

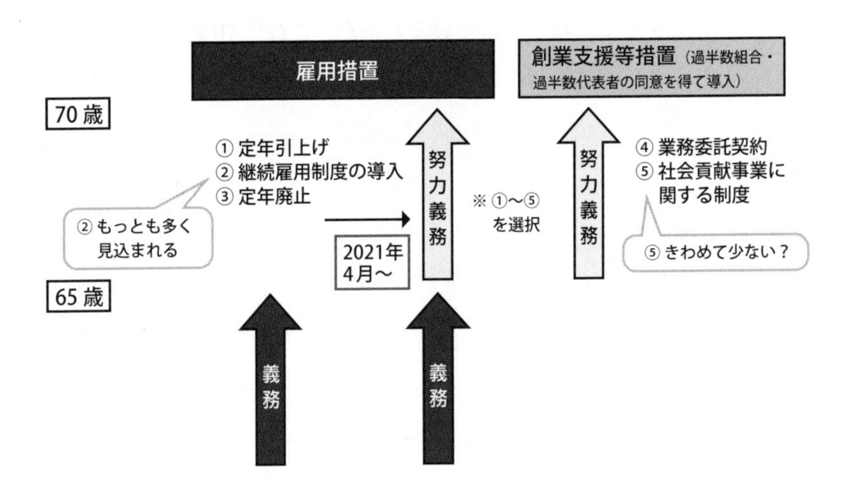

2. 措置の具体的な内容

厚生労働省によると、以下のとおりとなっています。

- 労働条件としては、労働者の希望に合致したところまでは求められないものの、法の趣旨を踏まえ、合理的な裁量の範囲内であることが求められます。
- 「心身の故障のため業務に耐えられないと認められる」場合や「勤務（業務）状況が著しく不良で引き続き従業員としての職責（業務）を果たし得ない」ことを就業規則などに記載している場合には、契約を70歳まで継続しないことも認められます。
- 対象者を限定する基準を設けることもできますが、「会社が必要と認めた者」や「上司の推薦がある者」などに限定することは基準がないことと変わりなく、改正の趣旨に反するので認められません。また対象者に対して「意欲」や「能力」に関する基準を設けることもできますが、できる限り具体的でわかりやすく、指標（ものさし）をもとに測れるものであること、及び必要とされる能力などが客観的に示され、これにあてはまるかどうか対象者自らも判断することができるように配慮する必要があります。
- ５つの措置のうち、どの措置を講ずるかについては労使間で十分に協議を行い、対象者本人の希望を聴いたうえで、これを尊重しなくてはなりません。
- 業務委託の場合であったとしても、対価としての金銭（報酬）については、就業実態と生活の安定なども考慮して業務内容に応じた適切なものとするよう努めなくてはならないこととなっています。

3. 今回の高年法改正で実施される項目

標記の内容は以下のとおりです。

- 厚生労働大臣は、事業主に「高年齢者就業確保措置」の実施について指導、助言を行い、措置実施計画作成の勧告等を行います。

- 70歳未満で退職する高年齢者〔※1〕に対しては、事業主は「再就職援助措置」〔※2〕をとる努力義務が課せられるとともに、「多数離職届出」を行わなければなりません。

  ※1：定年及び会社都合により離職する高年齢者等

  ※2：教育訓練受講等のための休暇の付与や求職活動に対する経済的な援助、再就職のあっせん、教育訓練受講等へのあっせん、再就職支援体制を設けるなど

- 事業主は「定年及び継続雇用制度の状況等」の報告を年1回行わなくてはなりませんが、これに同措置の実施状況が追加されました。

4. 関連して改正された項目

なお、今回の法改正に関連して、以下の改定も行われています（主要なものです）。

① 失業等給付の被保険者期間の算定方法の変更〔2020.8/1より〕

② 複数就業者への労災保険給付の見直し〔2020.9/1より〕

③ 65歳以上の複数就業者の雇用保険加入（雇用保険マルチホルダージョブ制度）〔2022.1/1より〕

…複数の事業所をかけもち勤務する65歳以上の労働者が、合計して週20時間以上勤務する場合には、本人の申し出により雇用保険の被保険者になります。

④ 公的年金受給繰下げ年限の75歳まで選択可能化〔2022.1/1より〕

…国民年金の繰り下げ受給の上限年齢が現行の70歳から75歳に引き上げられたことにより、年金の受給開始時期が「60歳から70歳の間」から「60歳から75歳の間」に拡張されました。受給年齢を早めるか、逆に繰り下げ受給によって1ヵ月あたりの額を増やすかを選択でき、老後資金計画がより柔軟になります。

⑤ 在職老齢年金制度の見直し〔2022.4/1より〕

…60歳以上で賃金と老齢厚生年金の合計額が月額28万円を超えると支給停止になっていたところが、月額48万円まで引き上げられ、就労しながらの年金受給の対象範囲が拡大されました。

⑥ 短時間労働者の社会保険適用に関する企業規模の引き下げ、高年齢者雇用継続給付条件の縮小〔2022.10/1 より〕

… 従業員 101 人以上 500 人までの企業に対して、一定の条件を満たすパート社員を社会保険に加入させることが義務付けられることになります。

第２章

高年齢者の実態

「高年齢者の雇用状況等報告」より

厚生労働省；令和３年（2021年）６月１時点調査結果（2022年６月24日発表）

高年齢者の雇用の実態は、現在どうなっているのでしょうか？

この章では４つの調査からみてみたいと思います（調査によって調査の時期、対象、集計方法などが異なるのでその点にはご留意願います）。

① 雇用確保措置の実施

65歳までの高年齢者雇用確保措置（以下「雇用確保措置」とします）を既に実施済みの企業（従業員規模31人以上）では99.9％と、ほとんど全てとなっています。なお、21～30人は99.2％、31～300人が99.9％、301人以上が99.9％となっています。

●図表１-２

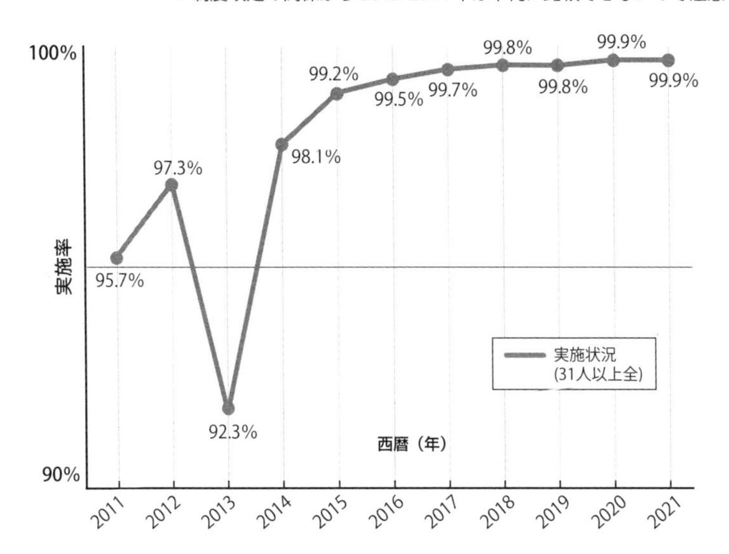

② 雇用確保措置の内訳

※ 中小企業（21 ～ 300 人）、［ ］内は大企業（301 人以上）の調査結果を表しています。

- 「継続雇用制度」… 中小企業 70.9％［大企業 85.0％］
- 「定年の引上げ」… 24.9％［14.4％］
- 「定年制の廃止」… 4.2％［0.6％］

雇用確保措置のなかでは、全体としては「継続雇用」がもっとも多くなっていますが、「定年引上げ」や「定年制廃止」については中小企業、とくに零細企業の方が進んでいます。これは、中小企業の方が制度というよりも人中心にこれまで運用されてきたことと、その背景としての人材不足があると見受けられます。

● 図表 1 - 3

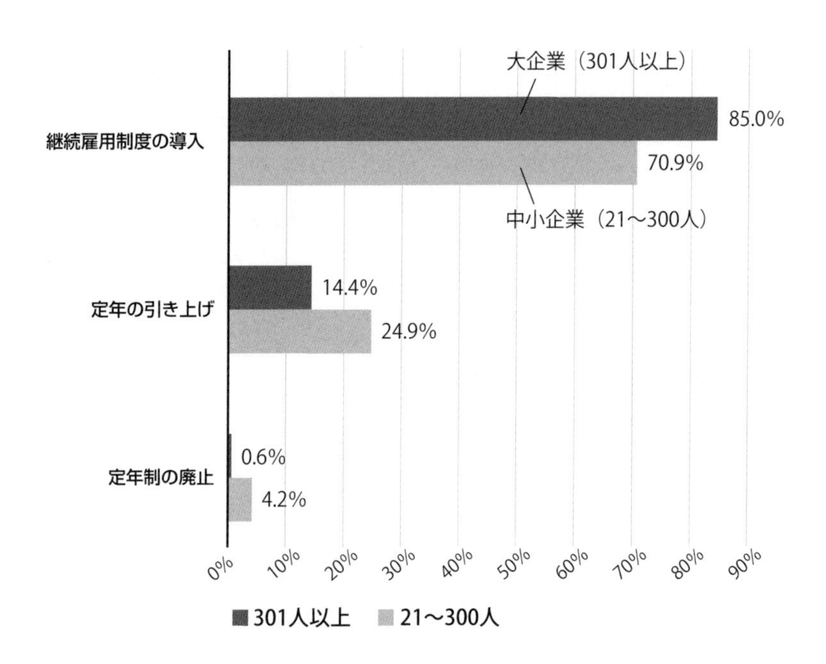

③ 65 歳以上の継続雇用制度の内訳

- 65 歳以上の希望者全員を対象 … 82.8％［61.5％］
- 高年法一部改正法の経過措置に基づく継続雇用制度の対象者を限定する基準（経過措置適用企業）… 17.2％［38.5％］

希望者全員とする企業は、大企業よりも中小企業の方が多くなっています。これは基準を定めて運用することが難しいことと人材不足も背景にあると見受けられます。

●図表 1 - 4

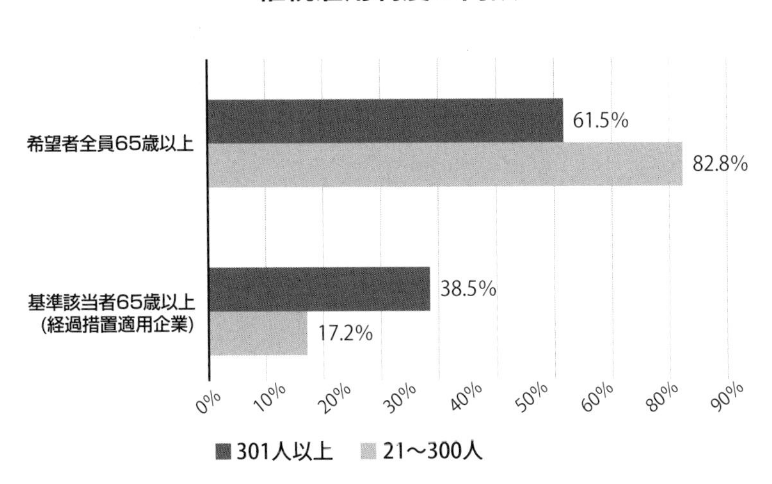

④ 65 歳定年企業の状況

● 中小企業は 21.7％［大企業は 13.7％］

定年を 65 歳とする企業は、年々少しずつ増えてきているようです。これについても中小企業の方が高くなっていることがわかります。

また、定年が 66 歳以上となっているのは、中小企業が 3.2％、大企業は 0.7％とまだ少ないようです。

● 図表 1 - 5

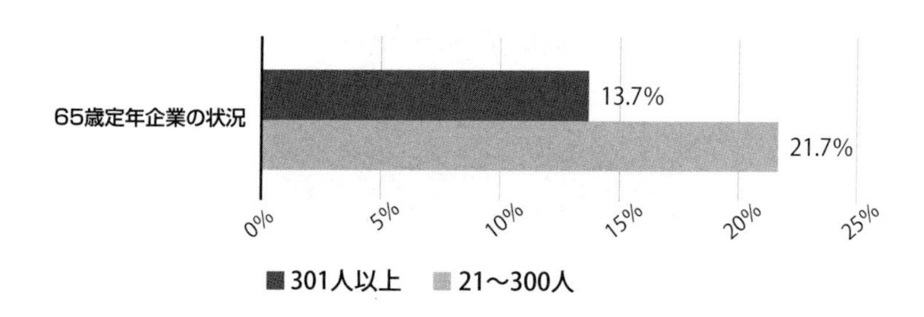

⑤ 70歳までの就業確保措置の実施状況

70歳までの就業確保措置を実施済みの企業は、中小企業では26.2%、大企業では17.8%となっています。その内訳としては以下のとおりです。

- 定年制の廃止 … 中小企業4.2%［大企業は0.6%］
- 定年の引き上げ … 2.0%［0.5%］
- 継続雇用制度の導入 … 20.0%［16.6%］
- 創業支援等措置等の導入…0.1%［0.1%］

なお、希望者全員が66歳も以上雇用される制度のある企業に絞ってみると、中小企業では17.0%、大企業では5.8%と中小企業の方が3倍近くになっています。これをみても、とくに中小企業では、高齢であってもベテランとして貴重な戦力となっていることが伺えます。

●図表1-6

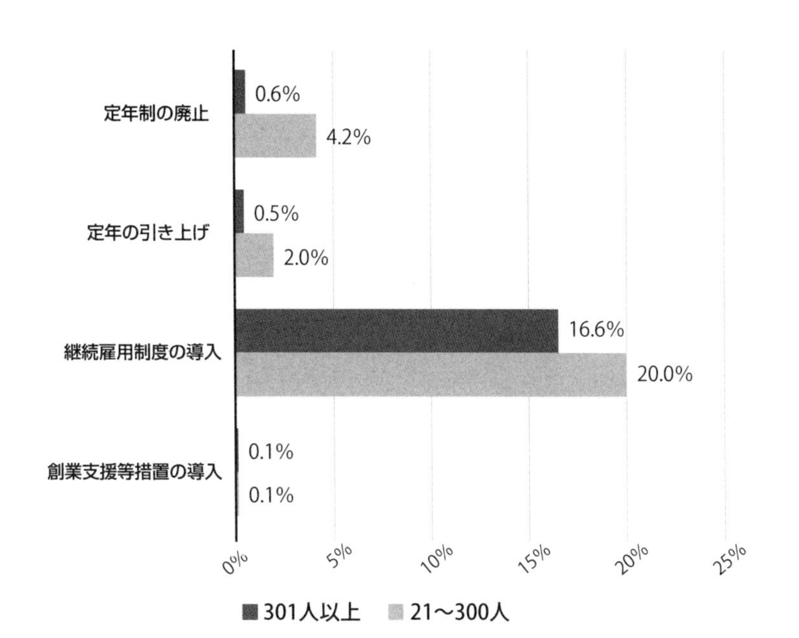

⑥ 66歳以上まで働ける制度のある企業の状況

66歳以降も制度として働ける企業は、中小企業では38.7%、大企業では34.1%とこれも中小企業の方が多くなっています。その内訳としては以下のとおりです。

- 定年制の廃止 … 中小企業4.2%［大企業は0.6%］
- 66歳以上定年 … 3.1%［0.7%］
- 66歳以上の継続雇用制度（希望者全員）… 9.6%［4.5%］
- 66歳以上の継続雇用制度（基準該当者）… 10.9%［13.3%］
- 66歳以上をその他制度で雇用 … 10.8%［15.0%］

さらに70歳以降になっても制度として働ける企業に限定してみると、中小企業では37.0%、大企業では32.1%となっています。

●図表1-7

66歳以上まで働ける（制度のある）企業

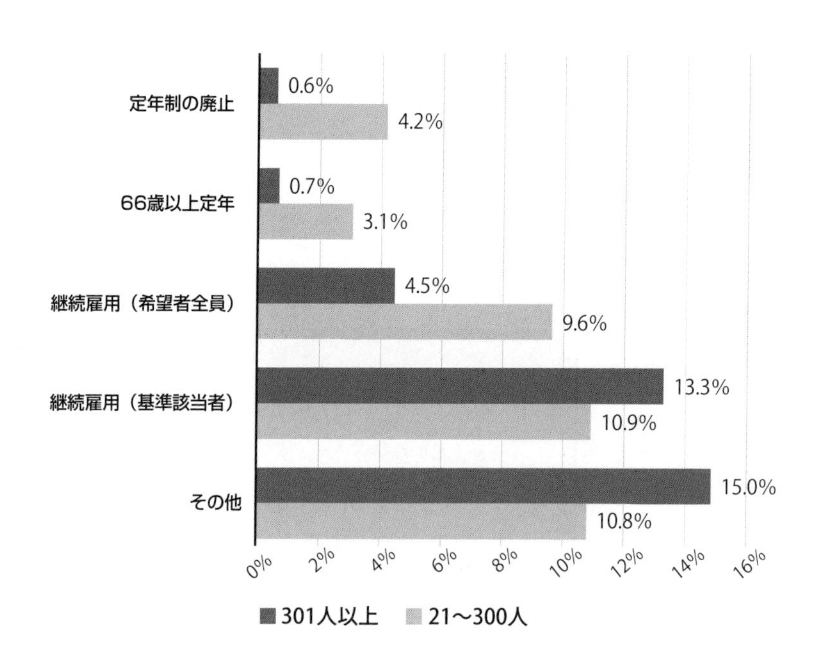

⑦ 60歳定年到達者の動向

定年が60歳の企業のなかで、2020年6月から1年間で定年に到達した者のうち、継続雇用された者が86.8%、継続雇用を希望しなかった者が13.0%、希望したが雇用されなかった者が0.2%となっています。

●図表1-8

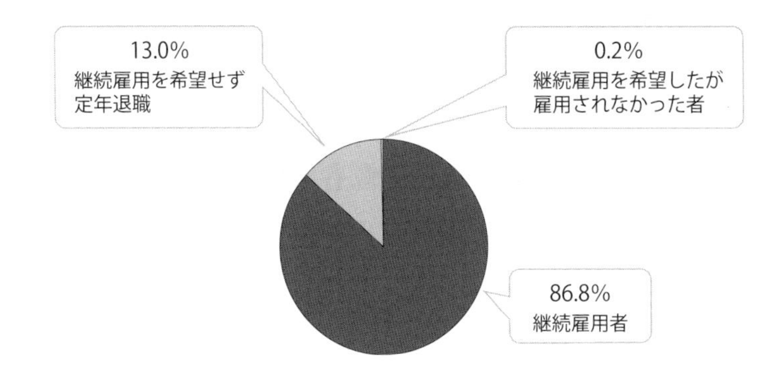

⑧ 高年齢労働者の雇用状況

年齢階層別の常用労働者数

21人以上の企業における常用労働者（約3380万人）のうち、60歳以上の労働者は13.2％（約447万人）となっています。これを階層別にみると、60～64歳が53.4％（約239万人）、65～69歳が28.2％（約126万人）、70歳以上が18.3％（約82万人）となっています。

雇用確保措置が義務化されてからの推移

継続して調査を行っている31人以上の企業における60歳以上の常用労働者数は約421万人となっていますが、これを2009年と比べると、94.9％増（205万人増）と約2倍にもなっています。

●図表1-9

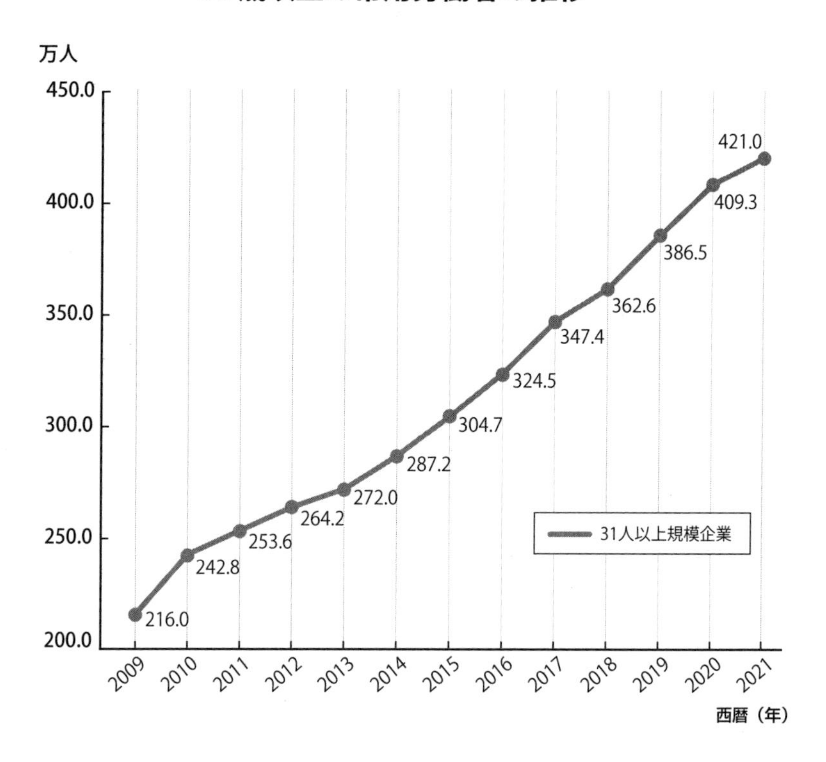

「高年齢者の雇用に関する調査（企業調査）」

独立行政法人労働政策研究・研修機構；令和元年（2019 年 5 ～ 6 月）調査結果
（2020 年 3 月 31 日発表）より

① 65 歳以降も働く際の基準（複数回答）

「65 歳以降の希望者のうち基準に該当した者のみ働くことができる企業」について、基準について尋ねた結果は以下のとおりとなっています（複数回答）。

「健康上支障がないこと」と「働く意思・意欲があること」がそれぞれ 8 割を超え、これに続いて「会社提示の労働条件に合意できること」、「（同じく）職務内容に合意できること」がそれぞれ 6 割を超え、さらに「出勤率、勤務態度」が続いていることがわかります。

● 図表 1 - 10

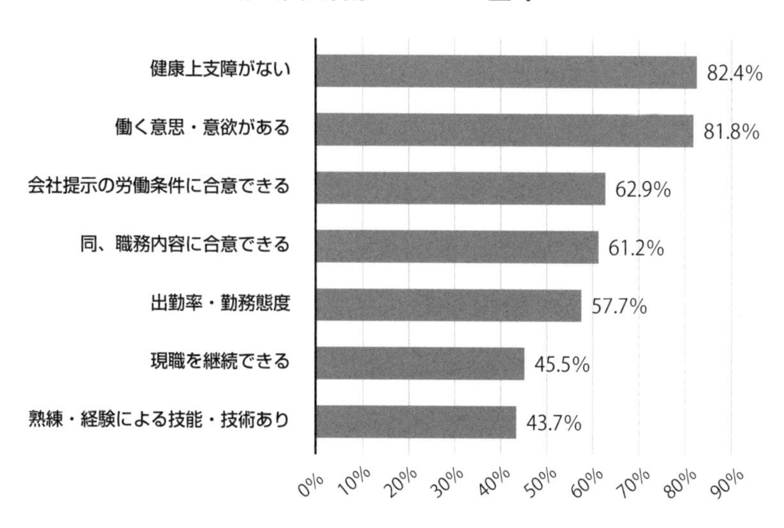

② 65歳以降の高年齢者の雇用状況実態

65歳以降の高年齢者（定年後の継続雇用者または定年を迎えていない者に限定）について、65歳以降も働くことができる企業のうち、実際に雇用しているが84%となっています。業種別にみると、情報通信業と不動産業を除く産業においては、7割以上の企業が65歳以上の高年齢者を雇用しているようです。これをみてもわかるように、多くの企業では65歳以降の高年齢者がきわめて当然に雇用されていることがわかります。

●図表1-11

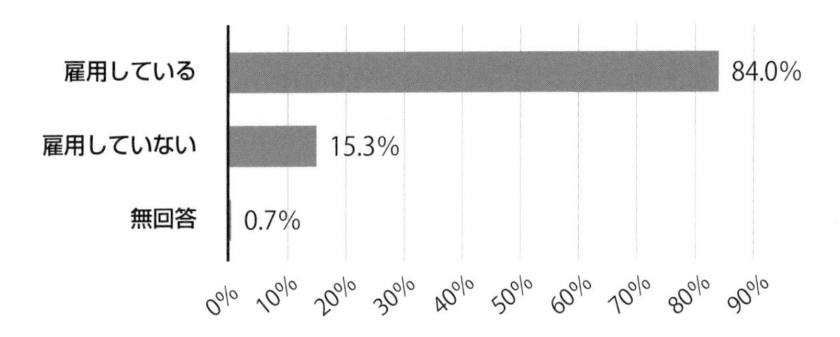

③ 65 歳以降の高年齢者の職種（複数回答）

65 歳以降の高年齢者が就いている職種については、「専門・技術的な仕事が 45.5％ともっとも多く、これに続いて、「管理的な仕事」、「事務的な仕事」、「サービスの仕事」が 20％台と続いています。

● 図表 1 - 12

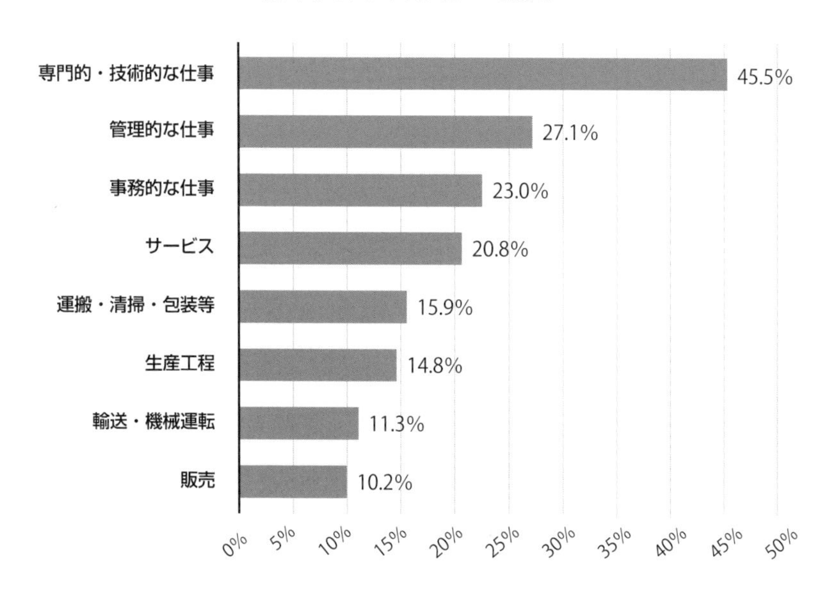

④ 65歳以降（60代後半層）の雇用確保措置を実施する場合に必要となる取り組み（複数回答）

65歳以降（60歳代後半層）の雇用確保措置における取り組みに何が必要かと尋ねると、「継続雇用者の処遇改善」、「健康確保措置」、「全社的な賃金制度の見直し」、「同、人事制度の見直し」、「新たな勤務シフトの導入」と続くものとなっています。

やはり、賃金などの処遇面での改善が大きな課題と認識していることがわかります。

●図表1-13

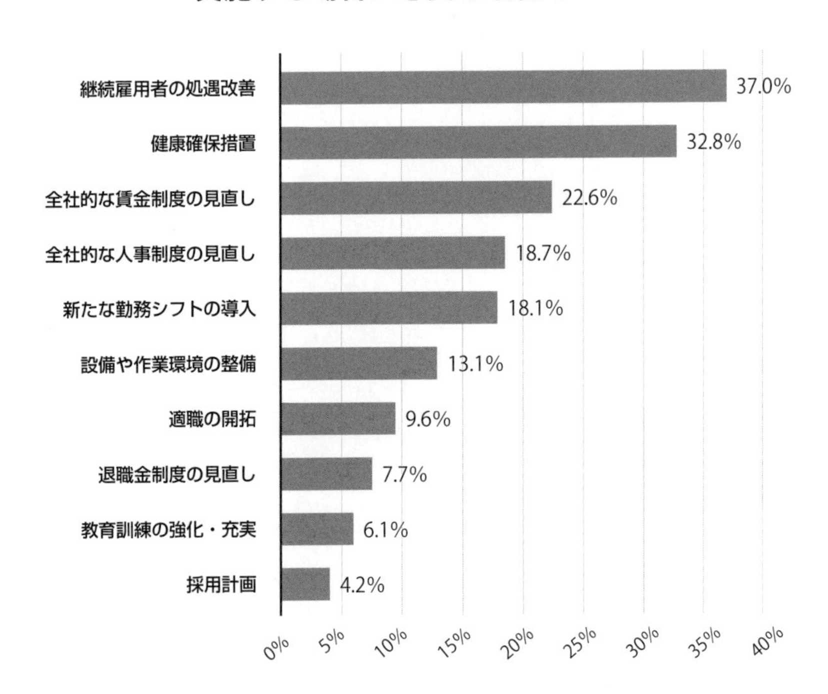

「改正高年法への対応アンケート調査」

労務行政研究所；(2020 年 12/10 ～ 2021 年 1/22）調査、2021 年 4 月 9 日号発表より

① 65 ～ 70 歳までの就業機会確保措置のうち、現時点で自社に適していると考えられるもの（複数回答）

「70 歳までの継続雇用（再雇用や雇用延長）制度の導入」が、87.0%（内、300 人未満では 93.2%）、「定年廃止」が 0.6%、「高年齢者が希望するときは 70 歳まで継続的に業務委託契約を締結する制度の導入」が 32.5%（300 人未満では 36.4%）、「高年齢者が希望するときは 70 歳まで継続的に社会貢献事業に従事できる制度の導入」が 4.7%となっています。

業務委託制度については約３分の１の企業が関心をもっているものの、社会貢献事業についてはまだあまり馴染みがないことからか、まだ様子眺めの状況のようです。

●図表 1 - 14

65 ～ 70 歳までの就業確保措置で自社に適応

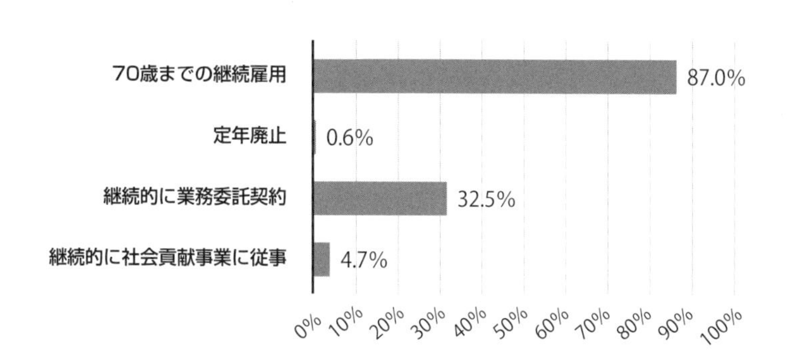

② 65歳以上の社員に適用する人事・処遇制度のうち、改定予定のもの（複数回答）

「月例賃金」が92%ともっとも多く、続いて「人事評価」が68%、「賞与・一時金」が52%、「退職金」が8%、「諸手当」が44%、「社宅などの福利厚生」が28%となっています。やはり、賃金処遇面の改定が必要ととらえていることがわかります。

●図表1-15

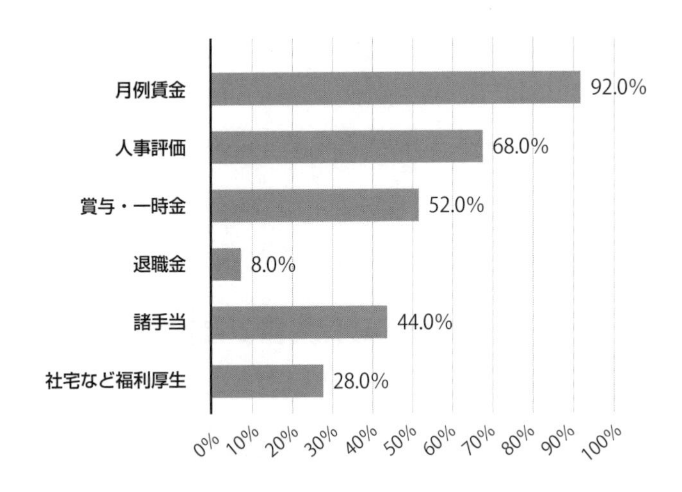

③ 65歳以上の社員に適用する人事・処遇制度を改定する方向性（複数回答）

「役割・職務の大きさの違いに合わせた納得感のある処遇」と「定年前社員の処遇とのバランス・公平性の配慮」が同じく65.4％と３分の２の企業が挙げており、続いて「再雇用者のやる気を高めるためのよりメリハリのある処遇」が53.8％、「再雇用者の担当する役割・職務内容に応じたよりきめ細かい処遇を実現する」が46.2％と続くものとなっています。

●図表 1 - 16

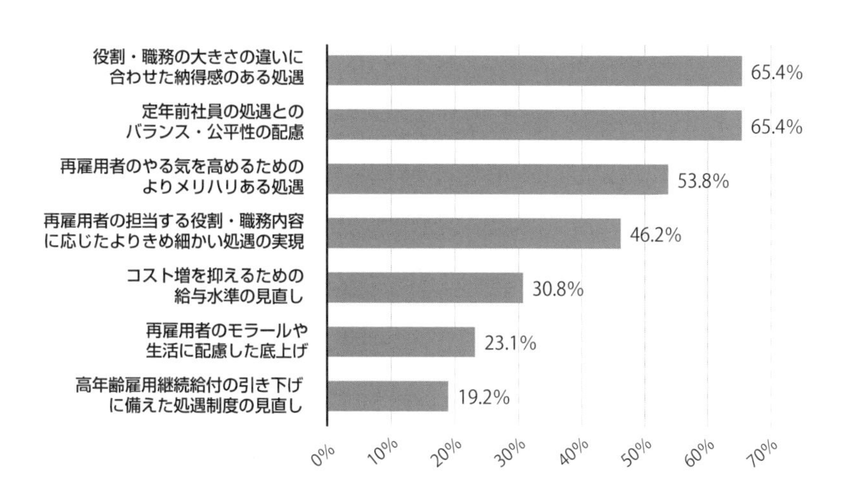

④ 70歳までの継続雇用措置の努力義務化に関する自社の課題（複数回答）

「職務や役割を反映した処遇制度の整備」が63.4％ともっとも多く、次いで「高年齢社員のモチベーション維持」が59.9％、「給与水準の見直し」が54.9％、「勤務形態を複線化した継続雇用制度の整備」が50.3％と、半数以上の企業が挙げていることがわかります。

●図表1-17

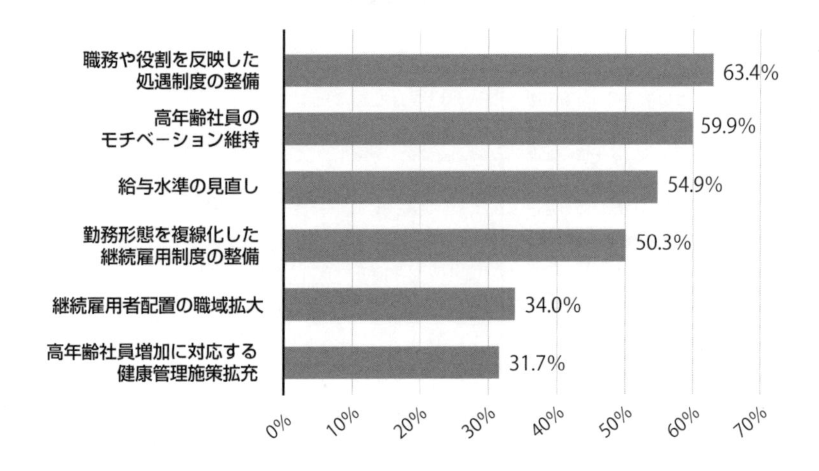

「2021年人事・労務に関する トップマネジメント調査結果」より

一般社団法人日本経済団体連合会；2022年1月18日発表

① 65歳までの雇用確保措置

65歳までの「雇用確保措置」について、「定年引上げ」が17.0%、「定年廃止」が0.8%、「継続雇用制度の導入」が82.2%と圧倒的に継続雇用制度となっていることがわかります。

● 図表1-18

65歳までの雇用確保措置

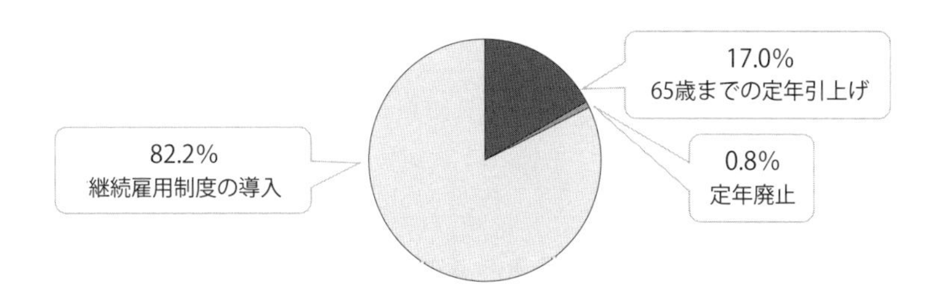

② 定年引上げ、「定年廃止」の導入予定

①で65歳までの継続雇用制度を導入している企業のうち、「定年引上げ」と「定年廃止」の今後の導入予定があると答えたものが29.5%となっています。

●図表1-19

65歳までの継続雇用制度導入企業のうち、「定年引上げ」と「定年廃止」導入予定

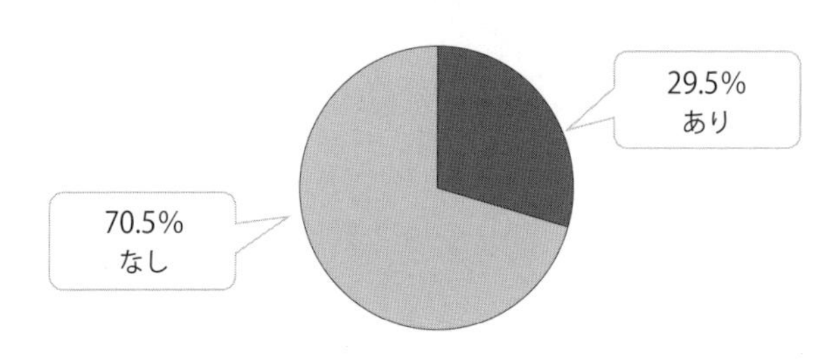

③ 70歳までの就業確保措置の対応状況

「対応済み（決定済みを含む）」が21.5%、「対応を検討中」が29.5%、「検討する予定がある」が38.6%、「検討していない・予定なし」が10.4%となっています。

●図表1-20

70歳までの就業確保措置の対応状況

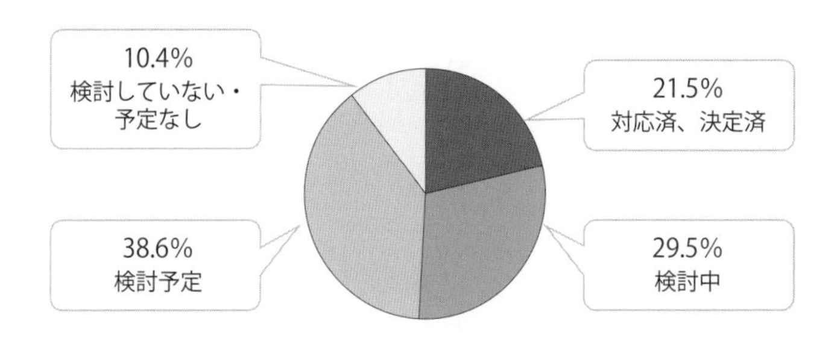

④ 70歳までの就業確保措置の具体的内容（複数回答）

「自社・グループでの継続雇用制度」を挙げる企業が94.3%ともっとも多く、次いで「業務委託契約を締結する制度」が18.7%となっています。業務委託契約についてはまだ十分に煮詰め切れていない状況であることがわかります。

●図表1-21

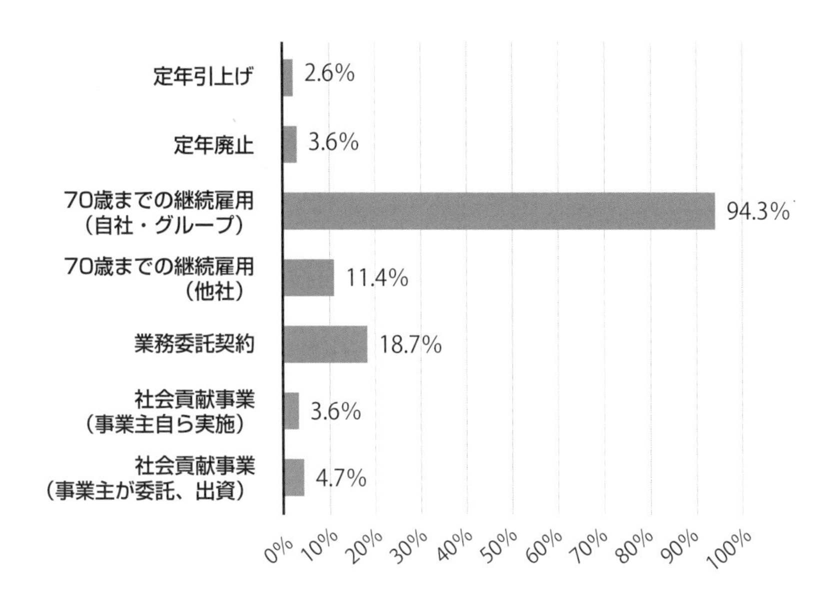

⑤ 措置内容ごとの対象者基準の有無

対象者の基準を設ける措置のなかでは、業務委託契約が84.6%ともっとも多くなっています。

● 図表1 - 22

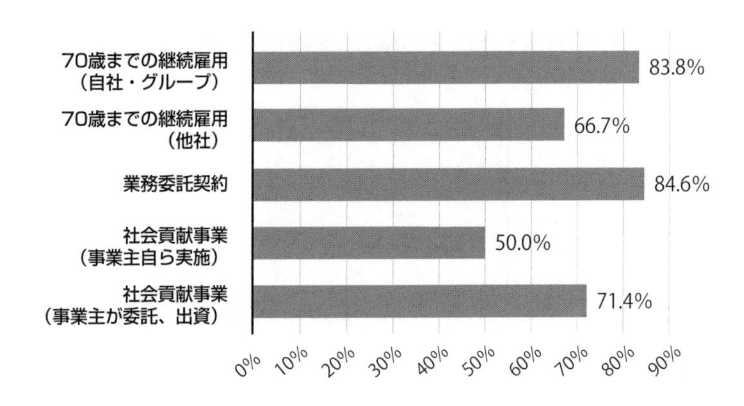

⑥ 雇用によらない措置を導入しない（予定を含む）理由

「雇用措置で十分」が58.3％ともっとも多く、「検討にあたって情報やノウハウが不足している」が22.1％となっており、様子眺めという状況が伺えます。

●図表 1 - 23

雇用ではない措置を導入しない（予定を含む）理由

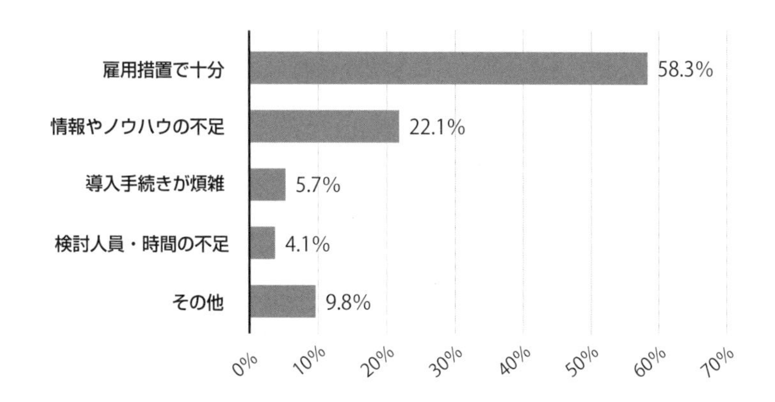

⑦ 現時点では検討していない理由

「努力義務だから」が44.6％と、まだ義務の（強制されていない）段階ではないことが大きな理由となっているようです。

●図表 1 - 24

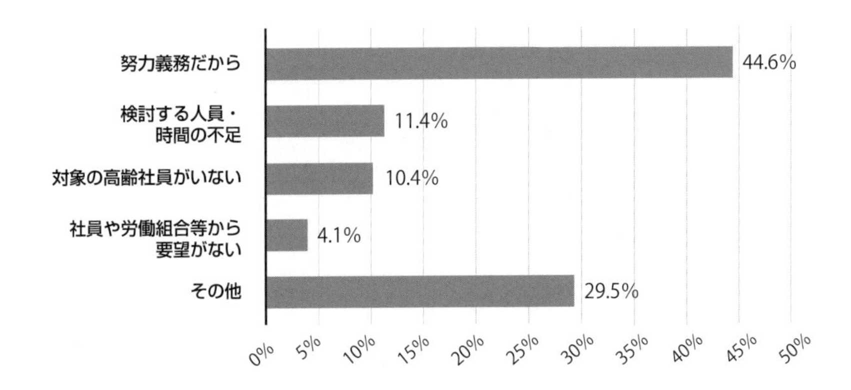

第3章

厚労省「法改正の概要」より

高年齢者就業確保措置

第1章では、改正高年齢者雇用安定法のコアとなるところをご説明しましたが、この第3章からはもう少し詳しくみていきたいと思います。以下は、厚生労働省作成のパンフレット（法改正の概要）をもとに、よりわかりやすくまとめたものです。

1. 65歳以上の対象者を限定する基準

① 70歳までの定年引上げ
② 定年制の廃止
③ 70歳までの継続雇用制度
……………………………………
④ 70歳まで継続的に業務委託契約を締結する制度
⑤ 70歳まで継続的に以下の事業に従事できる制度
　a 事業主自らが実施する社会貢献事業
　b 事業主が委託、出資（資金提供）等する団体が行う社会貢献事業

65歳以上の高年齢者に対する「就業確保措置」は努力義務となります。従って、対象者を限定する基準については独自に設けることもできます（①②を除く）。この場合、以下について留意しなくてはなりません。

◎ 内容は原則として労使に委ねられるものです。会社（事業主）と過半数の労働組合等との間で十分に協議し、過半数労働組合等の同意を得ることが求められます。

◎ 事業主が一部の高年齢者を除外することのみが目的のものは、法の趣旨に反します。また他の関係法令や公序良俗に反するものについても認められません。

※ 2012年改正法の経過措置に基づく対象者基準と同じ考え方になります。

【不適切な例】

- 「会社が必要と認めた者」⇒ 会社が恣意的に一部の高年齢者を排除することに結び付きます。
- 「上司の推薦がある者」⇒（上に同じ）
- 「男性（もしくは女性）」⇒ 男女差別にあたります。
- 組合活動に従事していない者とする ⇒ 不当労働行為にあたります。

2. 労使での協議

前頁の表における5つの措置のうち、どれを選択するかは労使間で十分に協議を行ったうえで、できるだけ対象者の要望に沿った措置をとることが求められます。

◎ ①～⑤のなかの一つだけであってもよいですが、複数の措置をとることにより、70歳までの就業機会をもつこともできます。ただし、個々の高年齢者に対してどの措置とするかは、本人の希望を聴いたうえで決定することが求められます。

◎ 過半数労働組合等の同意が必要、または望ましい手続きについては以下のとおりとなります。

- 創業支援等措置のみの場合
  ⇒ 実施計画の策定にあたっては、過半数労働組合の同意が必要です。
- 雇用・創業支援の両方を実施する際の実施計画及び対象者基準を設ける場合
  ⇒ 必須ではありませんが、過半数労働組合の同意があった方が望ましいとなっています。

3. その他の留意点

◎ 対象者が定年前と異なる業務に就く場合、新しい業務について研修等を行うことが望ましいといえます。とくに雇用（①定年引き上げ、②定年制廃止、③継続雇用制度）とする場合、安全・衛生教育は必須となります（創業支援等措置をとる場合であっても実施が望ましいといえます)。

◎ 労災における休業4日以上の死傷者数のなかでも、60歳以上が増える傾向にあり、災害防止策に取り組むことが望ましいです（「高年齢労働者の安全と健康確保のためのガイドライン」参照)。

◎ 継続雇用・創業支援等措置を実施する場合

- 心身の故障のため、業務に堪えられないと認められる者や勤務状況が著しく不良で引き続き従業員としての責任を果たすことができないなど、就業規則上の解雇又は退職事由にあてはまる場合、同措置計画に定める契約解除又は契約を更新しない事由にあてはまる場合には契約を継続しないことも認められます（65歳までの継続雇用制度についても同様です)。

◎「シルバー人材センター」への登録など、再就職・ボランティアのマッチングを行う機関への登録のみでは、就業先がまだ定まらないものとして、措置をとったこととはみなされません。

◎ 就業確保措置（創業支援等措置を含む）で支払われる金銭（報酬）は、高年齢者の就業実態や生活の安定も考慮し、業務内容に応じたものとなるように努めなくてはなりません。

70歳までの継続雇用制度

1. 65歳以降の継続雇用（範囲）

◎対象者の年齢に応じて、継続雇用することができる事業主の範囲が広がります。

- 60歳以上65歳未満 ⇒ 上記及び自社・特殊関係事業主※
- 65歳以上70歳未満 ⇒ 上記及び上記以外の他社も含む

※ 特殊関係事業主とは、自社の①子法人等、②親法人等、③親法人等の子法人等、④関連法人等、⑤親法人等の関連法人等を指します。

2. 特殊関係事業主等との契約締結

特殊関係事業主等（特殊関係事業主またはこれ以外の他社）において継続雇用を行う場合には、相手先企業との間で契約を締結しなければなりません。

【チェックポイント】

- できる限り個々の対象者のニーズや知識・経験・能力等に応じた業務内容と労働条件とすることが望ましいといえます。
- 上記ニーズを前提とした業務についての事前確認と協議が望ましいといえます。

3. 無期転換ルールの特例

◎ 有期労働契約が同使用者と通算して5年を超えて更新された場合には、労働者の申込みにより無期労働契約へ転換します。

- この例外として、雇用管理計画を作成のうえ、都道府県労働局長の認定を受けた事業主（特殊関係事業主を含む）は、定年後に続く雇用期間の無期転換申込権は発生しません（65歳を超えて引き続き雇用する場合にも無期転換申込権は発生しません）。

※ただし、特殊関係事業主に該当しない他社で継続雇用される場合には、この特例対象にはならないので注意が必要です。

創業支援等措置

1. 創業支援措置とは

「創業支援等措置」は、70歳までの就業確保措置のうち、雇用を除く以下があてはまります。

- 継続的な「業務委託契約制度」
- 継続的な「下記の事業に従事する制度」
  - a 会社（事業主）自身が運営する社会貢献事業※1
  - b 会社（事業主）が委託、出資（資金提供）等※2を行う団体※3が行う社会貢献事業

※1：「社会貢献事業」とは

不特定で多数の利益のための事業で、その性質や内容等から個別に判断されることになります。

◆ 以下は、「社会貢献事業」には該当しません。

- 宗教の教義を広め、儀式行事を行い、信者を教化することが目的の事業。
- 特定の公職候補者や、公職者や政党を推薦、支持、逆に反対することが目的の事業。

※2：「出資（資金提供）等」

団体（自社を除く）が行う社会貢献事業に従事する場合、自社からその団体※3に対し、事業運営への（寄付等）や事務スペース提供など事業実施に必要な援助を行っていることが求められます。

※３：「団体」

公益社団法人に限定されるものではなく、委託、出資（資金提供）等を受けており、かつ社会貢献事業を実施しているものとなります。（社会貢献事業以外の別の事業を実施していても問題はありません。）

なお、他の団体で創業支援等措置を行う場合には、自社と団体との間でその旨の契約を締結しなくてはなりません。

創業支援措置の手続き

創業支援等措置を行う場合には、以下の手続きを行う必要があります。

1. 計画書作成

下記が記載された計画書を作成しなくてはなりません。

① 創業支援等措置をとる理由
② 高年齢者が従事する業務の内容
③ 高年齢者への支払い
④ 契約の締結頻度
⑤ 納品について
⑥ 契約変更について
⑦ 契約終了について（契約解除の理由も含む）
⑧ 諸経費の取り扱いについて
⑨ 安全・衛生について
⑩ 災害補償、業務外傷病の扶助について
⑪ 社会貢献事業団体について
⑫ その他、対象となる労働者全部に適用される事項について

2. 特殊関係事業主等との契約締結

1. の計画は、過半数労働組合等の同意を得なくてはなりません。

同意を得る際には、過半数労働組合等に対して以下について十分に説明することが求められます。

- 労働関係法令が適用されない働き方で
- そのために計画を定め
- 同措置を選択する理由

なお、雇用に加えて創業支援等の両方の措置をとる場合には、雇用だけで努力義務を達成したこととみなされるために同意を得る必要はありません（しかしながら、同意を得ることがより望ましいといえます）。

3. 計画の周知

次のいずれかの方法によって労働者に周知しなくてはなりません。

- 常時、その事業所において見やすい場所に掲示する、または備える
- 書面を直接労働者に配布する
- 電子媒体等に記録する
  （事業所に労働者が画面等で常時確認できる機器を設置）

4. 契約の締結

会社（事業主）が委託、出資等する団体が社会貢献事業を行う場合には、契約を締結しなくてはなりません（特殊関係事業主、他社での継続雇用の場合でも同様の契約が必要です）。

また制度導入後には、個々の高年齢者と業務委託契約や社会貢献活動に従事する契約を締結する必要があります。

5 創業支援措置のその他留意事項

1. 計画作成時

創業支援等措置において計画を作成する際の留意点は以下のとおりです。

① 業務内容（記載事項2）

高年齢者のニーズを踏まえ、知識・経験・能力等を考慮し、一方的な決定や押し付けにならないようにしなくてはなりません。

② 対価（報酬）（同3）

支払う報酬は、業務内容や遂行上の知識・経験・能力、業務量を考慮しなくてはなりません。また、支払日やその方法について記載し、不当に減額したり支払を遅らせたりしてはなりません。

③ 契約の頻度（同4）

個々の高年齢者の希望を踏まえ、業務内容・難易度や業務量等を考慮し、業務量や頻度についても配慮しなくてはなりません。

④ 納品（同5）

成果物を受け取るにあたって、不当な修正、やり直しや受領の拒否を行わないようにしなくてはなりません。

⑤ 契約変更（同6）

契約変更にあたっては、報酬や納期等について労使間で協議を行わなくてはなりません。

⑥ 安全・衛生（同9）

高年齢者の安全・衛生に関して、高年齢者の能力等に配慮し、雇用ではない同措置により就業する者であっても、同種業務に雇用されるときの労働契約法等に基づく安全配慮義務などを考慮し、委託業務内容やその性格に沿った配慮を行う必要があります。

業務委託にあたって、機械器具･原材料等を譲渡、貸与する場合には、これを取り扱う際の危険防止措置などをとらなくてはなりません。さらに、業務内容、難易度や業務量並びに納期等を考慮し、作業時間が長くなり過ぎないように配慮することも求められます。

⑦ 社会貢献事業団体（同 11）

事業主が委託、出資等を行う NPO 法人等の社会貢献事業に対する援助は、社会貢献事業を円滑に実施するうえで必要なものでなくてはなりません。

2. 契約締結時

対象者には下記の書面を作成、配布し、十分に説明しなくてはなりません。

① 労働関係法令が適用されない働き方であること

② そのために計画を定めること

③ 創業支援等措置を選択する理由

3. 安全確保

同種の業務に従事する際に労働契約法で定められた安全配慮などの内容を踏まえ、委託する仕事の内容や性格に沿った配慮を会社（事業主）が行う必要があります。

委託業務等が原因の事故が発生して被害を受けたことを会社（事業主）が知ることになったときには、ハローワークに報告することが望ましいこととなっています。

あわせて、同じような災害が再発しないための防止対策の検討にあたって、当報告を活用することが望ましいとされています。

4. 高年齢者からの相談への対応

契約に基づく業務について当事者から相談があった場合には誠実に対応しなくてはなりません。

5. 労働者（性）のチェックポイント

同措置は法律上の「雇用」とは異なり、個人個人の働き方について、労働者であるような働き方※とあえてしないように注意しなくてはなりません。

※ 労働基準法における労働者性の判断基準については**141頁**を参照願います。また、同事業への従事者は、労災保険の「特別加入制度」に加入することができます。

高年法に基づく指導等

高年齢者雇用安定法に基づいて、ハローワーク等は指導・助言を行うことにもなります。さらに、指導等を行われ、状況が改善していないときには雇用確保措置をとること、または「高年齢者就業確保措置の実施に関する計画」作成を勧告されることもあります。

高年齢者雇用状況等報告

高年齢者雇用状況等報告は高年齢者雇用安定法（第 52 条第 1 項）に基づいて、毎年 6 月 1 日時点の高年齢者の雇用状況等について全事業主に対し、毎年 7 月 15 日までに厚生労働大臣宛に報告することが義務付けられています。

2021 年 4 月の改正法施行より、就業確保措置が記載された様式が変更されています。また、提出にあたっては、郵送だけでなく電子申請を行うことも認められています。

高年齢者等の離職

1. 再就職援助措置（努力義務）

解雇等により、離職者が再就職を希望するときは、以下の措置（(再就職援助措置）をとることが努力義務となっています。

① 求職活動に対する経済的支援
② 求人開拓、求人情報収集と提供、再就職あっせん
③ 再就職のための教育訓練等の実施、受講あっせん

2. 多数離職届（義務）

同じ事業所において、１か月以内に５人以上の高年齢者等が解雇等によって離職する場合には、離職者数など離職予定日の１か月前までにハローワークに届け出なければなりません。※

※ 届出を怠った場合には過料の対象となりえます。

3. 求職活動支援書（義務）

解雇等により離職する高年齢者等が希望するときは、離職が決まった後速やかに以下が記載された「求職活動支援書」〔※1〕を作成し、本人に渡さなければなりません。

① 氏名・年齢・性別
② 離職予定日（離職予定日が未定の場合にはその時期）
③ 職務経歴（従事した主な業務内容、実務経験、業績及び達成事項等）
④ 保有資格・免許・受講した講習
⑤ 技能・知識・その他職業能力について

⑥ その他再就職に役立つこと

◎ 解雇等〔※2〕の離職理由については記載しません。

※1 求職活動支援書は、ジョブ・カード〔※3〕の様式を活用して求職活動支援書を作成することもできます。この場合、ジョブ・カードに再就職援助措置関係シートを添付します。

※2 解雇等とは？

解雇（労働者の責めに帰すべき理由によるものを除く）その他の事業主の都合による離職、65～69歳での定年退職や継続雇用制度の終了など、さまざまな理由が該当します。

※3 ジョブカードとは？

ジョブカードとは、「生涯キャリアのプランニング」と「職業能力証明」のためのツールでもあり、キャリアアップや多様な人材の円滑な就職促進など、キャリアコンサルティング等の相談支援や求職活動、職業能力開発などの場面で活用していくものです。

① キャリア・プランニング … 生涯を通じてのキャリアコンサルティング支援のための個々の履歴や、職業経験のいわば棚卸しでもあり、職業生活設計のための情報をストックしておいたうえで、職業訓練の受講時などの場面で活用していくためのツールとなります。

② 職業能力証明 … 免許・資格、教育（学習）・訓練履歴、職務経験、教育訓練の成果評価、職場での仕事ぶりの評価等に関する職業能力を証明できる情報をストック、整理し、目的によって必要な情報をとりだして、求職のときの応募書類やキャリアコンサルティングのときの参考資料として活用するものです。「職業能力証明書」の見える化ともいえます。

● 求職活動支援書（様式例）

<table>
<tr><td colspan="2">雇用保険被保険者番号</td><td colspan="4">―　―</td><td>生年月日</td><td>作成日</td><td>年　月　日</td></tr>
<tr><td>氏　名</td><td></td><td>年齢</td><td></td><td>性別</td><td></td><td>年　月　日</td><td>離職予定日</td><td>年　月　日</td></tr>
<tr><td>希望する職種・条件等（本人記載欄）</td><td colspan="8">（希望職種）

（希望条件）

（その他特に希望すること）</td></tr>
<tr><td>職務の経歴・業績等</td><td colspan="8">（※ 会社概要）
（事業内容）
（資本金）
（従業員数）
（事業所数）

（※ 最終年収）</td></tr>
<tr><td>資格、免許、受講した講習及び職業能力に関する事項</td><td colspan="8">（資格・免許・受講した講習等）

（その他の技能、知識等）</td></tr>
</table>

（※）本求職活動支援書は、本人から聴取した事項及び事業主が知り得た事項を記載したものであり、その内容を証明する書類ではありません。

氏 名				
本人の希望等を踏まえて事業主が行う再就職援助措置		主な措置の種類	措置の具体的内容	時期・期間
	ア	再就職準備セミナー・講習会等の実施・受講あっせん		
	イ	カウンセリング等の実施・あっせん		
	ウ	教育訓練等の実施・受講あっせん		
	エ	求職活動のための休暇の付与		
	オ	求職活動に関する経済的な支援		
	カ	再就職支援会社への委託		
	キ	関連企業等への再就職のあっせん		
	ク	その他		
作成事業所		名 称		
		代表者	氏名	
		所在地		
		雇用保険適用事業所番号		
再就職援助担当者	所属部署		電話番号	

（求職者の方へ）
ハローワークで求職相談を行う場合に、この支援書を活用するときは、希望する職種・条件等の欄に記入の上、受付に提示してください。

第４章

「高年齢者雇用安定法Q＆A集」より

高年齢者就業確保措置

本章では、厚生労働省から発表されているQ＆A集を翻訳してよりわかりやすい解説を試みてみたものです。

① 段階的実施の可否

今回の法改正によって70歳まで就業機会を持つことが努力義務となりましたが、例えばまず67歳までの継続雇用とするなど、段階的に実施することも可能です。

② 指導と相談

同措置をとっていない場合には厚生労働大臣の指導対象にもなります。またこれに関して労働局では相談支援等を行うこととなっています。

③ 措置を講じる（とっている）意味

現実に措置をとっている状態でなければならないことになります。例えば、創業支援措置については、労使で協議はしているがまだ同意を得ていない場合は早急に対応しなくてはなりません。

④ 対象高年齢者の拒否

措置をとっているなかで、就業を希望する高年齢者が会社の提示する就業条件内容について合意しない場合であっても、これが直接問題になることはありません。

⑤ 職種・雇用形態による区別

労使間で十分に協議のうえで内容を区別することが適当とされた場合には可能です。ただし、個々の労働者の希望を聴き、尊重することが求められます。

⑥ 就業規則の変更

就業確保措置を新たにとるにあたって、常時10人以上の労働者を使用する使用者は、就業規則を作成し、労働基準監督署長に届け出なければなりません（労働基準法第89条）。

なお、創業支援等措置をとる場合には、あわせて実施に関する計画を作成し、過半数労働組合等の同意を得なくてはなりません（ただし、ハローワークに届け出る必要まではありません）。

⑦ 自社以外で就業する場合

他社での継続雇用やＮＰＯ法人の社会貢献事業などで従事させる場合において、その後解雇等によって70歳未満の段階で該当者が就業できなくなったとしても、既に努力義務を果たしているとみなされます。

⑧ 対象者が不在の場合

現在、65歳に達する労働者がいない場合であっても、全ての企業に適用される努力義務となっており、自社は関係がないとはいえないので注意が必要です。

⑨ 就業確保措置の実施者

定年までの事業主に代わり、特殊関係事業主や他の事業主が同措置をとる場合でも、過半数労働組合等の同意を得たうえで、同計画について対象者に周知しなくてはなりません。

⑩ 同措置の運用など

就業規則に、継続雇用をしない（業務委託契約等を更新しない）事由又は解除する事由を解雇事由とは別に定めることもできます。継続雇用しない事由を定める場合は、事業主は、就業規則に記載すべき「退職に関する事項」に当てはまることとなり、就業規則に定める必要があります。（労働基準法第89条に基づく。常時10人以上の労働者を雇用する場合）

また、基準を設ける場合には、過半数労働組合等の同意を得ることが望ましいです。なお、労使で協議した結果であっても、同法の趣旨に反したり、公序良俗に反したりする基準については認められません。

なお、創業支援措置における業務委託契約等を更新しないか、または解除する事由を定める場合、同措置計画の「契約の終了に関する事項（契約の解除事由を含む）」を設定しなければならないこととなっています（同措置を講ずる全事業主の作成義務）。

⑪ 同措置に関する聴取のタイミング

事業主が、同措置利用の希望があるかどうか対象者に聴取するタイミングとしては、65歳を迎える前でなくてはなりません。ただ、必ずしも直前でないといけないというわけではありません。（改正法第10条）

また、定年までの事業主が、60歳定年前に対象者の希望を聴取していれば、特殊関係事業主に雇用された後での再度の希望聴取まで求められることはありません。

ただし、個々の高年齢者のニーズや知識・経験・能力等に応じた業務内容を就業条件とすることが求められ、特殊関係事業主に雇用された後に改めて対象者の希望を聴取し、適切な措置をとることがより望ましいといえます。

⑫ 支払われる金銭

70歳までの就業確保措置では、対象者の希望に合致した労働条件までは求められてはいませんが、法の趣旨に沿った合理的な裁量範囲内とすることが求められます。定年の引き上げ・廃止、継続雇用制度などの選択肢のなかから、70歳までの就業確保を行う場合には、最低賃金やパートタイム・有期雇用労働法（同一労働同一賃金法）に基づく雇用形態にかかわらない公正な待遇とするなど、法令に則って賃金等を決定しなくてはなりません。

雇用ではない「創業支援等措置」によって70歳就業とする場合、計画に「高年齢者に支払う金銭に関する事項」を定め、過半数労働組合等の同意を得なくてはなりません。また、この「金銭」については、業務の内容や業務に求められる知識・経験・能力、業務量等を考慮したものとする必要があります。

【参考1】創業支援等措置～計画の記載事項

①創業支援等措置をとる理由 ②業務内容 ③支払う金銭（対価）④契約締結の頻度 ⑤納品 ⑥契約変更 ⑦契約終了（契約解除の際の事由を含みます）⑧諸経費 ⑨安全衛生 ⑩災害補償・業務外の傷病扶助 ⑪社会貢献事業の実施法人その他の団体 ⑫同措置対象の全労働者に適用される定めについて

【参考2】指針より抜粋

高年齢者就業確保措置の実施及び運用に関する指針〈抄〉

〔最終改正：令和２年厚生労働省告示第351号〕

第２ 高年齢者就業確保措置の実施及び運用

３ 創業支援等措置

⑵ 過半数労働組合等の合意に係る留意事項

ロ 実施計画に記載する事項については、次に掲げる点に留意すること。

② 高年齢者に支払う金銭については、業務の内容や当該業務の遂行に必要な知識・経験・能力、業務量等を考慮したものとすること。

また、支払期日や支払方法についても記載し、不当な減額や支払を遅延しないこと。

４ 賃金・人事処遇制度の見直し

⑵ 高年齢者就業確保措置において支払われる金銭については、制度を利用する高年齢者の就業の実態、生活の安定等を考慮し、業務内容に応じた適切なものとなるよう努めること。

⑸ 職業能力を評価する仕組みの整備とその有効な活用を通じ、高年齢者の意欲及び能力に応じた適正な配置及び処遇の実現に努めること。

2 対象者基準

⑬ 対象者の限定基準

対象者の限定基準については、事業主は過半数労働組合等と十分に協議を行ったうえで、実情に応じて定められるものとし、原則として労使に委ねられることになります。ただし、事業主が恣意的に特定の者を対象から除外するなど、同法及び関連法令に反したり、公序良俗に反したりするものは認められません。

【適切ではない例】

『会社が必要と認めた者に限る』…基準がないこととなります。

『上司の推薦がある者に限る』…同じく基準がないものとみなされます。

『男性（女性）に限る』…男女差別となります。

『組合活動に従事していない者』…不当労働行為に該当します。

なお、限定基準については、以下の点に留意する必要があります。

(1) 具体性…意欲、能力等をできる限り具体的に測れること。すなわち、本人自ら基準に合致するかどうか判断することができ、その段階では合致してないにしても能力開発を促進できる動機付けとなる具体的なものが望ましいとなっています。

(2) 客観性…業務に求められる能力等が客観的に示され、予見できること。すなわち、会社や上司等による主観からではなく、本人自らが基準に該当するかどうかが判断でき、トラブルにならないように配慮された基準ということです。

65歳以上継続雇用制度の導入

⑭ 定年後の空白日

継続雇用策のうち、65歳以上の再雇用制度を採りいれる場合、本来は事務手続面からすれば定年退職日または継続雇用終了の翌日から雇用すべきですが、きわめて短期間間があいたから直ちに不適切とまではされません。ただし、定年後に相当の期間が経ってしまうと、ここでいう継続雇用制度とはみなされない場合もあるので注意が必要です。

⑮ 継続雇用先の企業

65歳以上の継続雇用制度による雇用先の他企業には、「常用型派遣」（派遣会社の常時雇用者として派遣がなされるもの）は認められますが、「登録型派遣」（希望者をあらかじめ登録し、派遣の際に登録されている者と期間の定めある労働契約を締結したうえで、有期雇用派遣労働者として派遣を行うもの）は、継続的な雇用機会が満たされているとはいえず、認められないので注意が必要です。

⑯ 特殊関係事業主以外との契約

（特殊関係事業主以外の）他の事業主が継続雇用を行う場合、元の事業主と他の事業主との間で契約を締結しなくてはなりません。この様式はとくに定められていませんが、書面で行うべきです。

創業支援措置の導入

⑰ 契約期間

創業支援等措置の契約期間については、省令の定めにより、計画の記載事項である「従事する業務内容」及び「契約締結の頻度」欄に記述しなくてはなりません。1回の契約内容、頻度については、個々の高年齢者の希望を踏まえ、業務内容・難易度を考慮して過大、または過小にならないよう業務量や頻度などを反映したうえで、労使間で合意をする必要があります。この際、年齢だけの要件で70歳未満で打ち切る契約はできないこととなります。すなわち、「継続的な契約」の締結条件としては、

> (1) 上限年齢が70歳を下回らないこと、
> (2) 70歳までは原則として契約更新が前提となっていること（ただし、能力や健康面など年齢条件以外の合理的な理由で契約を更新しないことは認められます。）となりますが、個別の事例に応じて具体的に判断されることになります。

⑱ 雇用時と比較した業務内容と働き方

雇用されていた時と比べて業務内容が同じ場合には、それだけで創業支援等措置に違反するとまではいえないものの、業務内容が同じで、かつ勤務時間と頻度や責任の程度等を含めた「働き方」からみても同じ場合には、本来の雇用の選択肢となる70歳までの就業確保にそのままあてはまることとなり、「雇用によらない創業支援等措置」として行うことは問題があるといえます。

⑲ シルバー人材センター等

シルバー人材センターやボランティアセンターなど社会貢献事業をあっせんする団体に高年齢者を登録することは、それをもって就業先が定まる

ものではないために、計画記載事項が確定できないことから就業確保措置とは認められないことになります。

（業務委託契約について）

⑳ 業務委託契約

業務委託契約等の頻度については、計画に記載し、労使合意を得なければなりませんが、その頻度は労使間で協議のうえで納得して合意したものであれば問題はありません。

例えば、発注を行う頻度の総量、個々の発注の頻度を定めればよいこととなっています。個々に対しては、その希望を踏まえつつ、業務内容と難易度、業務量等を考慮して、過大、逆に過小にならないように留意したうで妥当な範囲で、個々の契約の頻度が定められたものであればよいことになります。

㉑ グループ会社への再委託

グループ会社の業務を高年齢者へ再委託する場合の前提として、定年まで雇用した事業主が業務委託等の契約当事者となる必要があります。ただし、グループ会社など他社から受注した業務の契約当事者であって、高年齢者に再委託することは認められます。

㉒ 成果物の受領

「成果物の受領にあたっては、不当な修正やり直しの要求又は受領拒否を行わないこと」となっていますが、合理的な理由がある場合には、修正、やり直しを求めることができます。

㉓ 家内労働法の適用

創業支援等措置によって働くにあたって、「家内労働法」にも該当する場合には、同法は家内労働者にとって労働条件の最低基準となり、これも遵守することになります。

（社会貢献事業について）

㉔ 社会貢献事業の例

社会貢献事業とは、不特定でしかも多数の利益になることを目的とした事業であり、その性質や内容等から判断することになります。

【例】

◎ メーカーが、自社商品を題材とした小学校への出前授業を行う事業
対象者が企画立案や講師として有償ボランティアを務める…

◎ 希望する対象者が会員となることができるNPO法人に、里山の維持、運営に関する事業を委託し、対象者が同事業の業務（植樹、ビジネスセンターでのガイド等）を有償ボランティアとして携わる…など。

㉕ 契約

他の事業主や団体が行う「社会貢献事業」により、高年齢者の就業機会を持つ場合、事業主は当団体との間で「（社会貢献事業を実施する）事業主等が高年齢者に対して社会貢献事業に従事する機会を提供する契約」を締結しなくてはなりません。

（指針第2の3⑴イ参考）

㉖ 金銭や労働者性の判断

ボランティア活動は、「自発的な意志に基づき他人や社会に貢献する行為」とされており、社会貢献事業の一つとして想定される有償ボランティアは、団体から交通費などの実費や謝金の支払を受けることになります。この支払われる金銭は、業務内容、業務遂行に必要な知識・経験・能力、業務量等を考慮したものとすることが求められ、就業実態や生活安定等にも留意する必要があります。

具体的な額は、計画作成時に過半数労働組合等の同意を得て定めることになります。

労働者性については、個別の事案ごとに以下の基準に基づき、活動実態を総合的に勘案して判断します。その結果、使用従属性などから労働者性があるとみなされる場合には、創業支援等措置ではなく、雇用としての就業確保措置となります。

【労働者性】

1．2．を総合的に勘案し、個別具体的に判断します。

1．使用従属性

1）指揮監督下の有無（仕事の依頼・業務従事の指示等に対しての諾否の自由、業務遂行上からの指揮監督、拘束性、代替性）

2）報酬の労務対称性

2．労働者性の判断を補強する要素

1）事業者性の有無（機械、器具の負担関係、報酬の額）

2）専属性の程度

3）その他

以上から、契約範囲のボランティア活動をいつ行うか等、対象者に参加の諾否の自由がある等、労働者性が認められないように規定しなくてはなりません。

㉗ 個々の社員が支払う会費と事業主の出資

「事業主が委託、出資（資金提供）等する団体」について、出資・委託等を行うのは、定年時まで雇用していた事業主であり、個々の社員が会費を支払う場合は対象とはなりません。あわせて、事業主が直接、会費を支払う場合であっても、その会費が社会貢献事業の円滑な実施に必要な資金として充当されているものである必要があります。また、事業主が設立時のみ資金等を援助する場合、事業運営のための出資（寄付等を含む）や事務スペース又は机等事務備品の提供が、社会貢献事業を円滑に実施していくためのベースになっているとお互い認識しているものでなくてはなりません。

創業支援措置の労使合意

㉘ 労使合意の基本は事業所単位

事業主が創業支援等措置をとる場合、本来は事業場単位で行うことになります。ただし、企業単位で制度を運用している、または事業所ごとの全ての過半数労働組合等がその内容に同意しているかもしくは全てが労使協定の労働者側の当事者として加わっている等の場合には、企業単位で労使協定を結ぶこともできます。

㉙ 創業支援措置計画で定めるべき項目

創業支援等措置計画では、原則として12項目全部を記載しなくてはならないことになっています。ただし、以下の⑪について、業務委託契約をとる場合および自社が社会貢献事業措置を実施する場合には、記載の必要はありません。また⑫について、対象者の全員に適用しない場合には記載する必要はありません。

【参考】創業支援等措置の実施に関する計画の記載事項
①高年齢者就業確保措置のうち、創業支援等措置を講ずる理由 ②高年齢者が従事する業務の内容に関する事項 ③高年齢者に支払う金銭に関する事項 ④契約を締結する頻度に関する事項 ⑤契約に係る納品に関する事項 ⑥契約の変更に関する事項 ⑦契約の終了に関する事項（契約の解除事由を含む）⑧諸経費の取扱いに関する事項 ⑨安全及び衛生に関する事項 ⑩災害補償及び業務外の傷病扶助に関する事項 ⑪社会貢献事業を実施する法人その他の団体に関する事項 ⑫創業支援等措置の対象となる労働者の全てに適用される定めをする場合においては、これに関する事項

㉚ 実施計画のうちの安全・衛生、災害等項目

労働法令（同種の業務に就く場合の労働契約法など）から、同じ種類の業務に就く場合の安全配慮義務事項について留意し、事業主は委託業務の内容・性格等に応じて配慮しなくてはなりません。

㉛ 成果物未納の場合

創業支援等措置計画では、「契約終了事項（契約解除事由を含む）」について記載することとなっています。これに基づき、成果物が定められた基準に満たない場合には、契約を継続しないことは認められます。

㉜ 対象者が自社にいない場合

創業支援等措置計画では、出向労働者や特殊関係事業主に継続雇用される労働者など自社には不在の労働者にも省令の方法※により周知しなくてはなりません。

事業所での掲示等による方法など、対象者が確認しやすいようさらに書面を交付することが望ましいとされています。

※ 高年齢者等の雇用の安定等に関する法律施行規則（抜粋）

第４条の５第３項　事業主は法第10条の２第１項ただし書の同意を得た第１項の計画を、次に掲げるいずれかの方法によって各事業所の労働者に周知するものとする。

一　常時事業所の見やすい場所への掲示、又は備え付け

二　書面の労働者への交付

※ 労働者には、出向者等の自社にいない労働者を含む

三　磁気テープや磁気ディスク等に記録するとともに事業所に労働者が常時確認できる機器の設置

“努力義務”とはいったい何？

行政が使う用語のなかで、まぎらわしく、日本語としても疑問に感じるものがある。例えば、「努力義務」という造語だ。あらためて考えてみると、日本人の精神性からみた「努力」と「義務」という言葉は、本来は双方相容れない概念のものといえる。

ひょっとしてこれは欧米から輸入されたものではないかと、世界に冠たる外資系企業に管理職として長く勤務した方と話したことがあるが、英語で言い換えると、努力は「effort」、義務は「duty」と教科書にもでているわかりやすい語句になるようだ。しかしながらこれをごちゃまぜにすると、日本語以上に意味不明になって欧米人は全く理解できないのではないかとのことであった。

実際のところ、なぜこのような妙な語句が生まれたのか、社労士の同僚と話していて気付いたことは、（真偽のほどはわからないが…）最初の法制定の時点では義務まで課することはできないが、近い将来に義務化することを前提とすることを見越してあえて努力義務という表現にしたのではないかということであった。

そういえば、他にも新語でよくわからないものが実に多い。思い出したのが、「マイナンバー通知カード」と「マイナンバーカード」だ。

マイナンバー通知カードは「市区町村が住民にマイナンバーを通知する紙の書類」で、もう一方のマイナンバーカードは「公的な身分証明書として利用できる顔写真付きのICカード」ということになるが、私は役所の窓口で相談していてかなり混乱した記憶がある。どうも理解力に乏しい奴だとレッテルを貼られた感じもある。とはいいながらも、いまだにすっきりとはしていない。

新語を作るべきではないとは言わないが、誰もがすぐにピンとくるようにまた間違いが起きないように、よく練ったうえで発表して欲しいと思う。

第2編

多様で選択型の働き方

第1章

多様な働き方に適応するマネジメント

第2編では、高年齢者雇用に向けたマネジメント戦略をどのように進めていけばよいのか考えてみたいと思います。

高年齢者活用のメリットとデメリットからとらえる

1. 65歳以上の対象者を限定する基準

まずは、企業側からみた高年齢者の活用についてみてみましょう。
高年齢者活用のメリットとしては、以下のとおり挙げられるかと思います。

- 豊かな人生経験を持っている
- 豊富な人脈を持っている
- 高度な技能・スキルの蓄積がある
- (個々の状況により) 生活のために働かなくても良い人もいる
- 賃金の変動化のもとに合理的な人件費管理が可能となる

次にデメリットは何でしょうか。

- 健康・体力面で不安がある
- 組織の活性化の面で不安がある
- 価値観として凝り固まってきており (硬直化)、新しいものへの順応性に乏しい。
- プライドが邪魔をする (前の部下が気兼ねする・若い人の中には溶け込みにくい)
- (年功型賃金のまま延長される場合には) 高コストとなる

高年齢者の活用にあたっては、当たり前のことですが、デメリットを抑えつつ、メリットを最大限活かすことにあるのはいうまでもありません。これこそがまさに高年齢者雇用対策となるわけです。

2 有効活用に向けたマネジメント

1. 配置

高年齢者雇用者の配置については、以下の点に留意しながら検討を進めていくことが求められます。

- 個々の性格・適性に沿って判断すること
- 本人の希望を聞くこと
- 組織の合理性のもとに、柔軟に配置転換を図ること
- 賃金管理面は合理的に、賃金以外では本人のプライドを尊重しつつ厚く処遇することが基本となります。例えば、肘掛椅子の使用や出張時の日当、福利厚生制度での配慮などが挙げられるでしょう。

2. 身分（雇用契約）

継続雇用制度に基づいて、導入率の高い再雇用の場合には一般的には雇用期間の定めのある契約社員（嘱託社員）やパートタイマーが挙げられます。また、いわゆる転勤ありの総合職社員から、地域限定型社員に変更することなどもチェックポイントになってきます。とくに全国展開を図っている企業などは、定年後にどこで過ごしたいのか自己申告書や面談調査などにより事前に把握しておくことが重要になってきます。

3. 労働時間

会社と本人双方からのニーズをマッチングさせることがポイントです。短時間勤務（パートタイム労働）としての働き方も視野に入れて、１日の勤務時間帯及び１週間の労働日についてはこれまで以上に多様に設定する

ことが求められます。また残業の免除や上限設定なども施策として挙げられます。業種、職種や企業の余裕度にもよるかもしれませんが、工夫しながら選択肢をいかに多く持つことがカギになるかと思います。例えば、土日に加えて週の中日の水曜日や木曜日を休日とする企業も見受けられます。聞き取り調査を行うと、高年齢者については健康面やプライベート面などで、１週間のなかでも合間の休日を好む傾向も伺えます。また、一度決めたらずっとそれでいくというのではなく、先々変更もできるように柔軟性を持っておくこともポイントとなります。

4. 担当する職務の割り当て

まず考慮すべきは、定年時に管理職であった場合、代替の社員のやりくりがつかないなどの理由により、引き続いて統括職（ライン長）として継続して就いてもらう必要があるかどうかです。人材としての要員や人事制度にもよりますが、一時的、暫定的なものに留めることもこれからは求められます。(役職定年制・任期制)

これらはラインを統括する一部の社員に限定すべきですが、一般的には本人の専門性及びベテラン社員としてこれまで培った豊富な実務経験や熟練したスキルを活かすことを考えます。

例えば営業職や渉外職としての活用などが考えられます。特に取引先の担当者がかなりのベテランであったり、高年齢者の場合などが適応します。あるいは、苦情処理などの顧客窓口業務に就いてもらうことも有効であると思われます。また、小売業などでは、店舗の営業時間が長く、無休営業の場合などは、正社員の責任者が常時勤務することは難しくなります。そこで、正社員の責任者が勤務を外れる時間帯あるいは休日に顧客への対応や従業員管理経験のある高年齢者をシニアサブマネージャーとして、処遇することなどが考えられます。

これにも関連して、技能や技術の伝承者として、後進の業務支援や指導教育、育成の係に就いてもらうことも適切でしょう。

以上が一般的にいえることですが、基本は、定年前の社員以上に適材適所で進めるということにつきます。なお、当然のことですが、製造など現場での勤務の場合には、安全管理の面を最優先しなければなりません。

3 組織～マネジメントシステムの再構築

未だに多くの日本企業の組織風土を見るにつけ、年功的な人事賃金制度の名残りが感じられます。このこと自体は必ずしも間違ったものとはいえませんが、高年齢者雇用に向けて合理的に見直さなくてはならないところがあります。これは、これまでの組織風土にどっぷりとつかった企業からすれば一筋縄でいくものではありません。

一言でいうと、これからの人事でもっとも重視すべきは、「役割」という概念です。マネジメントというのは本に書いてあるように定石に則って進むものではなく、さまざまな矛盾を日常的に抱えるなかで決定され、実行されているわけですが、賃金はいわば最後の砦です。すなわち、中期的な視野で一人の高齢社員という人件費コストとしてみた場合に、担当する仕事（職責）や業績への貢献度からみて妥当性があるかどうかという観点を最後に必ず押さえなくてはいけないということです。

4 職制～ラインの明確化

組織は、誰がみてもすっきりと明瞭にさせることに越したことはありません。人事制度改定など大きな転換期にあたっては見直すチャンスでもあり、また見直さないと人事制度そのものが十分に機能しえなくなります。組織整備にあたっては全社を巻き込んで進めていくことになりますが、まずは経営トップが求心力をもってリーダーシップ（自ら音頭をとること）を発揮することが欠かせません。組織を見直すとなると、役員や部門長クラスなどから総論賛成、各論反対という意見が必ずでてきます。生半可な気持ちで従来の組織を改編できるものではないことを意識しておく必要があります。

これからは例えば、以下のような職制の基準を持つことを考えていく必要があります。ただし、当初は必ずしも従業員に公表して遵守すべき規程ではなく、経営管理サイドでのまずは運用内規の形であってもかまいません。

ライン部長…（原則として）２以上の課を統括すること。
ライン課長…（原則として）２以上の係を統括する
〔生産（製造）部門では７名とし、その他の部門では例５名以上の部下を持つこと〕
（ライン）係長…（原則として）３名以上の部下を持つこと
（ただし、係長というポストは実務面のリーダーというとらえ方もあるので注意を要します）
※ 上記については、研究（開発、調査、企画）部門（該当する職種）については、それぞれの実態に応じて個別に設定する

組織図に、ライン長を○○課統括（管理責任者）などと改めて併記してみるとよくわかります。

※印の箇所については、研究職や開発職などその職務の特性によってはこのとおりあてはまらない場合もあるので注意を要します。このことをスパンオブコントロールといいます。

5 人員計画の設計

1. 要員計画の立案

これからの人事管理は、毎年毎月の定例的業務の延長としてとらえるだけではなく、経営戦略の一貫として体系的かつ計画的に進めていかなくてはなりません。これからの高年齢者人事でも、基本的な人事戦略として押さえるべきなのが要員管理になります。

人員構成計画表　以下は再雇用制度の場合の例

※ 以下の表に、必要に応じて部門（職掌）・複線コース・地域別などを区分して表わす

（1）人員構成予定

区分／年度	年	年	年	年	年	《参考》現在の人数（　月　日現在）
E						
MⅡ						
MⅠ						
S-2						
S-1						
J-3						
J-2						
J-1						
計						

区分						
フルタイムの契約社員（定年後再雇用者）						
フルタイムの契約社員（その他）						
パートタイマー（定年後再雇用者）						
パートタイマー（その他）						
アルバイト等非常勤						
派遣社員						
計						

※ 退職金支給対象者

（2）退職予想数

区分／年度	年	年	年	年	年
	〔内、定年退職〕	〔内、定年退職〕	〔内、定年退職〕	〔内、定年退職〕	〔内、定年退職〕
E	〔　〕	〔　〕	〔　〕	〔　〕	〔　〕
MⅡ	〔　〕	〔　〕	〔　〕	〔　〕	〔　〕
MⅠ	〔　〕	〔　〕	〔　〕	〔　〕	〔　〕
S - 2	〔　〕	〔　〕	〔　〕	〔　〕	〔　〕
S - 1	〔　〕	〔　〕	〔　〕	〔　〕	〔　〕
J - 3	〔　〕	〔　〕	〔　〕	〔　〕	〔　〕
J - 2	〔　〕	〔　〕	〔　〕	〔　〕	〔　〕
J - 1	〔　〕	〔　〕	〔　〕	〔　〕	〔　〕
計	〔　〕	〔　〕	〔　〕	〔　〕	〔　〕

フルタイムの契約社員	〔　〕	〔　〕	〔　〕	〔　〕	〔　〕
パートタイマー					
アルバイト等非常勤					
派遣社員					
計	〔　〕	〔　〕	〔　〕	〔　〕	〔　〕

（3）出向等異動予定数

区分／年度	年	年	年	年	年
	〔内、対関連会社〕	〔内、対関連会社〕	〔内、対関連会社〕	〔内、対関連会社〕	〔内、対関連会社〕
E	〔　〕	〔　〕	〔　〕	〔　〕	〔　〕
MⅡ	〔　〕	〔　〕	〔　〕	〔　〕	〔　〕
MⅠ	〔　〕	〔　〕	〔　〕	〔　〕	〔　〕
S - 2	〔　〕	〔　〕	〔　〕	〔　〕	〔　〕
S - 1	〔　〕	〔　〕	〔　〕	〔　〕	〔　〕
J - 3	〔　〕	〔　〕	〔　〕	〔　〕	〔　〕
J - 2	〔　〕	〔　〕	〔　〕	〔　〕	〔　〕
J - 1	〔　〕	〔　〕	〔　〕	〔　〕	〔　〕
計	〔　〕	〔　〕	〔　〕	〔　〕	〔　〕

※ プラス・マイナスで表示をする

（4）採用予定数

区分／年度	2009年	年	年	年	年
	〔内、新卒〕	〔内、新卒〕	〔内、新卒〕	〔内、新卒〕	〔内、新卒〕
E					
MⅡ					
MⅠ					
S - 2					
S - 1					
J - 3	〔　〕	〔　〕	〔　〕	〔　〕	〔　〕
J - 2	〔　〕	〔　〕	〔　〕	〔　〕	〔　〕
J - 1	〔　〕	〔　〕	〔　〕	〔　〕	〔　〕
計	〔　〕	〔　〕	〔　〕	〔　〕	〔　〕

フルタイムの契約社員					
パートタイマー					
アルバイト・非常勤					
派遣社員					
計					

要員管理は、中長期的な事業計画に基づいて、部門、職掌（職種）及び階層別に今後数年間にわたって年次ごとに必要な人数を算出してみることから始めます。この場合、コアとなる正社員のみならず、中期雇用型の契約社員や短期変動雇用型のパートタイマーやアルバイト、さらには外部の派遣社員の活用や業務の外注（アウトソーシング）化なども考慮しながら、全社的にみた再構成を図ることになります。これに高年齢社員を貴重な戦力として組み込むことで設定します。今後の事業展開をにらみ、専門性（質）と労働力（人数×労働時間数）双方からの最適化を図ることがねらいです。

次に定年到達者を中心に退職者数を予想するとともに、昇格・昇進や異動配置（ローテーション）計画を加味したうえで最終的に年次ごとの採用人数を算出します。採用を行うにあたっては新卒か中途採用かに分かれますが、じっくり期間をかけて育成するのか、即戦力としてのキャリア採用かということが判断にあたってのポイントになります。

なお、グループ企業においては、グループ全体から把握してみることが求められます。さらに人件費とはいっても単に賃金ベースに留まらず募集費用や教育訓練計画費なども含めた広い意味での適正人件費を考えていく必要があります。

6 社内管理職の労務管理

高年齢者雇用にあたっては、定年後ということもあって残業や休日出勤などの過重労働の問題はそれほど多くないかもしれません。しかしながら、多くの対象者が部下を持つ管理職の経験の後に専門職やスタッフ職として働いているのが現状です。このようななかで、残業代はもう関係がないと安易に考えているふしがあります。ここでもう一度、法律でいうところの管理監督者は何を指すのか押さえておく必要があります。

1. 管理職と管理監督者の違い

どの企業でも、部長、次長、課長、課長代理、工場長、支店長、所長、店長などと呼ばれる役付きの社員がいます。これらは、企業によって違いはあるものの、職制上でマネジメント業務を主として担っている管理職社員を指していることはいうまでもありません。

一方、労働基準法第41条では、「事業の種類にかかわらず監督若しくは管理の地位にある者」に対して、労働時間、休憩及び休日に関する規定は適用しないと定めています。

以上の違いにより、また労働基準法の方が厳格で狭く解釈されていることもあって、各企業では人事制度上のれっきとした管理職でありながら管理監督者としては認められないということが現実的に多く発生し、社会的にも大きな問題となってきています。

2. 管理監督者の範囲に関する法解釈

一般的にいわれる管理監督者についての判断解釈が難しく個々の実態も異なるということもあって、監督又は管理の地位にある者の範囲についての行政通達がいくつか出されています。代表的なものを以下に挙げてみましょう。

◆1947年第17号・1988年第150号

一般的には部長、工場長等労働条件の決定その他労務管理について経営者と一体的な立場にある者であって、名称にとらわれず、実態に即して判断することとなっています。

具体的には以下のとおりです。

① 原則

（割増賃金の支払い義務に関わる重要な区分ということもあって）企業が人事管理上あるいは営業政策上の必要等から任命する職制上の役付者であれば、このすべてが管理監督者として例外的取扱いが認められるわけではないのです。

② 適用除外の趣旨について

これらの職制上の役付者のうち、労働時間、休憩、休日等に関する規制の枠を超えて活動することが求められざるを得ない重要な職務と責任を有し、実際の勤務の特徴からしても労働時間等の規制になじまないような立場にある者に限定されるべきです。

③ 実態に基づいて判断すること

一般的に企業では、職務の内容と権限等に応じた地位（職位）と経験・能力等に基づく格付（資格）とによって人事管理が行われている場合がありますが、管理監督者の範囲については、このような資格及び職位の名称にとらわれることなく、職務内容、責任と権限、勤務の特徴などに着目すること。

④ 待遇面に留意すること

上記のほかに、賃金等の待遇面も考慮する必要があります。

基本給や役付手当等において、その地位にふさわしい待遇となっているか、ボーナス等の支給率やその算定基礎賃金等についても一般労働者に比べて優遇措置がとられているかどうかについても留意する必要があります。なお、優遇措置が講じられているからといって、実態のない役付者が管理監督者に含まれるわけではありません。

⑤ いわゆるスタッフ職について

本社の企画、調査等の部門に配置されている者でとくに労働者の保護に欠けるおそれがないと考えられる者についても管理監督者として見なされる場合もありますが限定的であり、もっとも注意が必要です。

◆ 2008年9月9日第0909001号

最近のいわゆる「名ばかり管理職問題」のきっかけともなったのが、日本マクドナルドの2008年1月の東京地裁による店長の残業代に係る事件です。これを機に小売業・飲食店の管理職の範囲がクローズアップされました。

以下は、同年9月に発せられた「多店舗展開する小売業、飲食業等の店舗における管理監督者の範囲の適正化」と題する通達から、管理監督者とは見なされない基準の例示です。

① 仕事の内容、責任と権限

- ◎ アルバイト・パート等の採用や解雇について職務内容には含まれておらず、実質的にも関与しない。
- ◎ 部下の人事考課について職務内容には含まれておらず、実質的にも関与しない。
- ◎ シフト表の作成や残業の命令について責任、権限をもっていない。

② 勤務の特徴

- ◎ 遅刻や早退等の場合には、減給となったり、人事評価でマイナス評価となったり、不利益に扱われてしまう。
- ◎ 長時間労働を余議なくされるなど、労働時間においてセルフコントロールできない。
- ◎ 労働時間のほとんどにおいて、時間管理の対象となっている部下と勤務の特徴が変わらない。

③ 賃金等の処遇

- ◎ 役職手当などが支給されていたとしても、残業代が支払われないことを考慮すると十分とはいえない。
- ◎ 年収ベースでみた場合に一般労働者と比較して同程度以下である。
- ◎ 時間単価でみた場合に、アルバイトやパート等の賃金額に満たない。
- ◎ 時間単価でみた場合に、最低賃金額にも満たない。

3. 名ばかり管理職対策

以上行政通達から述べてみましたが、一般企業でいう管理職よりもかなり限定されています。通達どおりとすれば部長クラスでも果たして管理監督者としてみなされるかということになりかねませんが、まずは、リスク管理の問題としてどのような対策を考えていくべきか以下に挙げてみましょう。

（1）過重労働からの脱却と労働時間管理から安全健康向上策を講じること

労働安全衛生法では、過重労働について客観的な基準が定められています。メンタルヘルスを含め、全社的にまた個々の管理職が安全に健康に働いているかということが基本条件になるといえます。とくに休日出勤や深夜勤務については、負担の度合いが飛躍的に高くなるので一定基準以下に削減していくことが急務となります。

（2）職務内容と職責を明確にすること

いわゆる日本流のプレイングマネジャーという概念があいまいにしていることが否めません。管理職の職務基準を見直し、例えば、評価者で予算権限を持っているなど客観的な裏付けが必要となってきます。

（3）社員に占める管理職数のウエイトに留意すること

業界や職種による特殊性もありますが、社員に占める時間管理の対象としない管理職者の人数比率も押さえておくべきです。これが業界平均水準より突出している場合には見直しを図る必要があるという見方もできるでしょう。

（4）賃金水準の適正化を図ること

店長や課長など初任管理職クラスの月齢賃金総額水準はどの程度なのか、昇進前の副店長や課長代理などと比べていくらくらい増えるのか、管理職（役職）手当の金額は一般的にみて適正なものかという点から見直すことに他なりません。次に賞与を含めた年収ベースからも押さえておくべきです。

（5）本人の納得を得ること

本人が管理職の仕事を任されていると自覚し、動機づけられて日々仕事に励んでいる状況が望ましいということに他なりません。さらに一歩進めていえば、同居の家族も含めての理解があるということも押さえておくべきポイントになります。

以上をクリアすれば、「社内管理職」がすなわち「管理監督者」に適合するということではありませんが、検討課題となるには違いないと考えます。

7 役付き者の呼称

定年延長にしても再雇用にしても、経験、年齢からして、管理職のみならずそれまで何らかの役が付いていた対象者はかなり多いと思われます。プライドを尊重しながら組織の実態を表示するうえで役職者を呼ぶ呼称（ネーミング）はある意味、今後ますます重要になってきます。あらためて整理してみたいと思います。

社内で呼ぶ場合のみならず社外ではどのように呼んでもらいたいのか、両面からとらえる必要があります。名刺にどのように表記したらよいのかということを考えるとわかりやすくなります。単に呼称（呼び名）だからといって軽く考えてはいけません。組織人事制度がうまく機能するかどうかの重要なカギになってきます。

社内からすれば、呼びやすく定着する呼称が良いといえます。本人の自尊心、プライドもあわせて考えてみる必要があります。とくに高年齢社員にとってはこの点が重要です。社員にとって心理面で自然に受け入れられる、すなわち職場になじむものかどうかというのも重要なポイントとなります。企業文化に関わる問題といってもよいかもしれません。

一方で、組織の実態と混乱を招くことは避けるべきです。例えば、同じ課に課長が複数存在する場合などです。

以上のことは、組織風土や環境、業界や業務形態によっても異なってくるもので、他の会社では適応しても違う会社ではそうはいかないこともあり、どれが一番よいのかは一概にはいえない課題です。また、検討の過程で常に挙がってくるのが横文字の肩書です。あえて「○○マネジャー」という横文字を使った方が引き締まるということもありますが、新規取引先へ訪問する際、会社から複数で参上する場合、名刺交換を行うときにだれが上位なのか、決済権限はどちらにあるのかよくわからないということは問題があります。エグゼクティブ～チーフエグゼクティブなど横文字を多く組みあわせる類のものは、日本人にとってはわかりにくく、とっつきにくくて混乱するもとになるので注意が必要です。可能な限り、短く簡潔に、名は体を表わすようなスッキリとした呼称が望ましいといえます。

役職呼称例

① 基本職制名
　局長、本部長、部長、部門長、室長、次長、課長、係長
② その他、組織統括職名
　工場長、支配人、支店長、所長、店長、職長、作業長
③ 身分的呼称
　参与、参事、主査、主事、主任、主幹
④ その他
　調査役、審議役、技師（長）、英語との混合呼称（グループ長・チーム長など）
　・同、上記に付加する補佐職名
　　副、補佐（補）、代理、代行など
　・同、階層名
　　上席、上級
　・同、職能名
　　統括、専門、専任、担当
　・同、職掌（職種・部署）名
　　営業、生産、技術、商品管理、事務、業務

⑤ 英語呼称

マネジャー、リーダー、チーフ、キャプテン

- 上記に付加する組織名

グループ、チームなど

・同、階層名

サブ、アシスタント、シニア、ジュニア

・同、職掌（職種）名

バイヤー、スーパーバイザー、トレーナー

・同、職能名

プロフェッショナル、エキスパート、（プレイング）

8 シニアマイスター制度

マイスターとは、ドイツ語でマスター（meister）からきており、熟練した職人、徒弟制度に基づく親方がもともとの意味です。日本の企業でもよく耳にしますが、熟練した職人や何らかの達人に対して「マイスター」という称号を与えるケースが多く見受けられます。これに高年齢者としてのシニアを付け加えた呼称、制度が考えらえます。すなわち、人生経験が豊富で知識、技能はいうまでもなく、生活感あふれる知恵を活かしていこうという表れともいえます。

9 副業・兼業への対応

1. 副業・兼業の意義

副業・兼業は、多様な働き方政策の一環として新たな技術開発や起業のきっかけと手段として最近になって注目されています。これと70歳就業、とくに定年後のセカンドキャリアの準備期間としても今後避けては通れない施策になってくるものと考えられます。

これまで多くの企業では1社のみでの勤務を前提とし、副業・兼業を認めるにしてもきわめて限定的なものでしたが、就業規則を改定するとともに、一気に風穴を開けようとする意図が感じられます。この背景には賃金を生活給としてみた場合、1社で完結することがだんだんと難しくなってきているという事象も見受けられます。筆者の顧問先でも製造業で残業や深夜勤務、休日出勤が激減したために扶養家族を持つ社員が生活の面で厳しくなり、休日に近くの商業施設の駐車場管理を行っていたということを実際に聞いたところです。

以下は厚労省の副業・兼業の促進に関するガイドライン（2021年9月改訂版）をもとにわかりやすく解説したものです。

まずは会社側、労働者側からみたメリット、デメリットからみてみましょう。

	会社	労働者
メリット	① 社員が社内では得られない知識・スキルを得ることができる。 ② 社員の自律性や自主性を促すことができる。 ③ 優秀な人材の流出を防止するとともに、一方では獲得することも期待できるなど企業競争力が向上する。 ④ 社外から新たな知識・情報や人脈を入れることで、事業機会の拡大にも結び付く。	① 退職することなく別の仕事に就くことができるとともに、スキルや経験を得るなど主体的にキャリアを形成できる。 ② 本業は継続しながら、自分がやりたいことにも挑戦することができる。 ③ 収入の増加が期待できる。 ④ 本業を続けつつ、リスクを小さく将来の転職や起業に向けた準備ができる。
デメリット	① 就業時間を正確に把握し、管理強化を余儀なくされる。 ② 過重労働のリスクもあり、健康管理面への配慮が課題となる。 ③ 職務専念、秘密保持、競業避止義務などの新たな対応が求められる。 ④ 社員が実態どおりに申告するかどうか不明確になる恐れがあり、見えないところでの日々の業務の集中力の欠如や過労などの問題が潜在的にはらむ恐れがある。	① 就業時間が長くなる可能性があり、社員自らの就業時間や健康管理も求められる。 ② 職務専念、秘密保持、競業避止義務意識が前提として求められる。 ③ １週間の所定労働時間が短い業務を複数行う場合には、雇用保険等の適用がない場合もあり得る。 ④ 体裁のよいリストラ（賃金策）にすり代わることも考えられる。

2. 副業・兼業実施にあたっての留意点

これに関する判例をみると、労働者が労働時間以外の時間をどのように利用するかについては、基本的には労働者の自由であり、原則として副業・兼業を認めるように検討することが適当とされています。副業・兼業を禁止している企業や厳格な許可制にしている企業は少なからずありますが、今後は原則として副業・兼業を認めるスタンスで、まずは就業規則などの見直しから始めるとともに、労働者が副業・兼業を行いやすい環境を整備していくことが求められます。

注意すべき点は、「兼業・副業先も含めて労働時間を通算して管理すること」です。

労働者が雇用契約のもとに副業・兼業を行う場合、原則として自社と副業・兼業先の労働時間を通算して管理しなくてはなりません。このために、まず労働者が行う副業・兼業の内容を確認しなくてはなりません。当然ながら、主勤務先が副業・兼業先、または副業・兼業先が主勤務先と事前打ち合わせをすることが難しい場合も想定されるために、労働者からの事前申告などによって情報を把握することから始めることになります。

この労働時間を通算する方法については、本来の方法以外にも簡便な方法（これを「管理モデル」といいます）が挙げられます。自社で取り入れやすい方法を選び、自社と副業・兼業先の労働時間を確実に通算するようにしていく必要があります。

3. 就業規則への規定化

副業・兼業についてこれまで禁止していた企業では、就業規則の見直しも必要になってきます。参考までにシンプルな例を挙げてみました。各企業の実態に応じて見直す必要があります。

（副業・兼業）
第○○条 従業員は、勤務時間外であれば他の会社等の業務に従事することができる。

2. 前項について従業員は事前に所定の届出を会社に提出しなくてはならない。
3. 会社は、当該従業員が当社以外の業務に従事することにより、次のいずれかに該当する場合には、これを禁止又は制限することができる。
① 会社の業務遂行に何等かの支障が発生する恐れがある場合
② 企業秘密に関わる事項が漏洩する恐れがある場合
③ 会社の名誉や信用を損ない、または信頼関係を害する行為が発生する恐れがある場合
④ 競業関係にあるとみなされ、会社の利益を害する恐れがある場合
⑤ 安全・衛生管理を害する恐れがある場合
⑥ その他、①から⑤に準ずる事由がある場合

4. 管理モデル

副業・兼業にかかる日数が多い場合や、自社と副業・兼業先の双方で所定時間外労働がある場合などは、労働時間の自主申告等や労働時間の通算管理面で、労使双方の手続上の負担が大きくなります。管理モデルとは、このような場合であっても労使双方の手続上の負担を抑えながら、労働基準法上の労働条件を遵守するための具体的な方式となります。

副業・兼業の開始前

(A) 副業・兼業の労働者と、(時間的にみて) 先に労働契約を締結しているA社の事業場における法定外労働時間

(B) 後から労働契約を締結したB社の労働時間 (所定労働時間+所定外労働時間) を合計した時間数が、上限規制の1ヵ月当たり100時間未満、複数月平均で80時間以内として、A社・B社それぞれの労働時間の上限を設定します。

副業・兼業の開始後

A社・B社それぞれが①で設定した労働時間の上限の範囲内で労働させることとします。

割増賃金の計算方法

A社はその法定外労働時間労働について、B社はその労働時間における労働について、それぞれの36協定の延長時間の範囲内で割増賃金を算定して支払います。

《事例：A社に所定外労働があることを前提に、あらかじめ総枠を決めておくケース》

※A社・B社の労働時間を通算しての上限規制（月100時間未満、複数月平均80時間以内）の範囲内で決めなくてはなりません。

※B社の36協定の範囲内で副業・兼業が可能になりますが、あわせて過重労働にならない配慮が求められます。

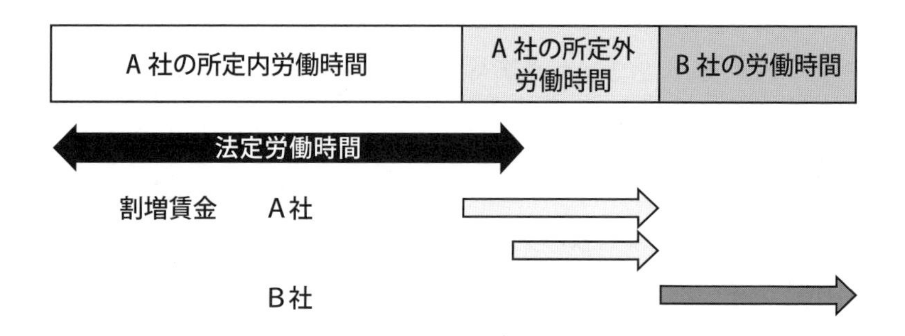

5. 雇用保険マルチジョブホルダー制度とは

上記の兼業・副業にも関連しますが、2022年1月より、「マルチジョブホルダー制度」が導入されました。

それまでの雇用保険は、主たる事業所における週所定労働時間20時間以上（かつ31日以上）の見込みがあるときに適用されることになっていました。これが、以下の要件を満たす65歳以上の労働者が複数の事業所で勤務する場合、本人がハローワークに申出ることにより、特例としてマルチ高年齢被保険者になることができるようになったものです。

＜要件＞

・2つの事業所における週の所定労働時間がそれぞれ5時間以上20時間未満であっても、合計すると20時間以上になること

・各事業所で雇用される見込みが31日以上であること。

第2章

柔軟な勤務場所

1 柔軟な働き方の現状は

経団連による人事・労務に関するトップ・マネジメント調査（2022年1月発表）によると以下のとおりとなっています。

同会員企業の労務担当役員等に対する調査結果のうち、推進している柔軟な働き方（導入済み、導入予定を含む）についての施策は以下のとおりとなっています（複数回答）。

テレワーク制度（在宅勤務、サテライトオフィス勤務、モバイル勤務）が89.8%ともっとも多く、続いて以下の施策が続いています。

柔軟な働き方施策	実施率（導入予定も含む）
テレワーク制度	89.8%
時差出勤	76.5%
フレックスタイム制	71.8%
変形労働時間制	34.9%
事業場外みなし労働時間制	24.7%
専門業務型裁量労働制	20.6%
遠隔地勤務制度	16.0%
企画業務型裁量労働制	15.4%
ワーケーション制度	7.6%
高度プロフェッショナル制	4.7%

ここには含まれてはいませんが、営業職などは直行、直帰をこれまで以上に広く認めることなども関連して挙げられます。

2 テレワーク

高年齢者雇用において、労働時間管理に加えてもう１つのカギになるのが働く場所の問題です。これについては、業務のベテランであることを前提として、通勤という所要時間からみた効率的な面と通勤にかかる安全面と健康面、さらには本人の指向を総合的に考慮して検討すべき課題にもなります。言うまでもありませんが、2020年からの新型コロナウイルス感染症が広がるなか､在宅勤務制の導入は人事の大きな転換となりました。

あわせて育児休業や介護休業にも関連した制度、とくにこれまでは女性の積極的活用でも注目されてきました。

テレワークとは、情報通信技術を活用して、場所と時間を自由に使った柔軟な働き方を指します。これに基づいて働く人をテレワーカーといっています。事業主と雇用関係にある働き方としてのテレワークには、大きく分けてサテライトオフィス制とノートパソコン、携帯電話等を活用して臨機応変に選択した場所で業務に従事する、いわゆる「モバイルワーク」があります。モバイルワークで中心となるのが在宅勤務制となります。

日々、進化するクラウドコンピュータティングサービスなどICT（information&communication technology）、すなわち情報通信技術の活用を前提とし、メール、SNSを含めた最新のコミュニケーションを駆使しながらチャット等、人同士のコミュニケーションを手助けするソフトを含めての活用となります。ストレスの削減や趣味や家族と過ごす時間の増加、さらには地元での自主的活動の促進などの副次効果についてもいわれてきています。

いずれにしても長引くコロナ禍が、これまで特定の事業所へ時間をかけて毎日通勤して通う方式に風穴を開けたことには間違いありません。今後どこまで定着していくのか見守っていく必要があると思います。

参考までに内閣府の調査によると、テレワークの実施率は32.2%（全国

/2021年10月）となっています。東京都では55.2％、地方は23.5％と首都圏の方が高くなっています。

また規模が大きくなるほど実施率も高くなっているようです。

業種からみると、情報通信業が78.1％と他の業種と比べて圧倒的に高くなっていますが、これは理解できます。一方でこれも当然ながらですが、農林漁業、保育関連、医療・福祉などの現場業務については10％台前半と少なくなっています。今後はこのような業種における間接業務をどうするかが課題となっているようです。

サテライトオフィス制度

在宅勤務以外に、労働者が属する部署があるメインのオフィスではなく郊外の住宅地に近接した地域にある小規模なオフィス等で業務に従事するのが、「サテライトオフィス勤務」です。東京など本社一極集中から周辺地域への分散を目的とした職住接近型のオフィスでもあり、通勤ラッシュの解消、事務所管理費などのコスト削減などの効果が期待できます。主婦や身障者などの雇用促進で役立つものと言われてきましたが、高年齢者雇用においてもいっそう注目されてくるものと思います。これもコロナ禍のなかで注目された働き方ですが、自宅が狭いこと、子どもや同居家族の状況、パソコンやプリンターなど情報機器の関係などから、在宅勤務が難しい場合に適応するものです。

4 ワーケーション

ワーケーションとは、仕事（work）と休暇（vacation）を合わせた造語であり、ICT（情報通信技術）を活用したテレワークのもとに、リゾート地など普段の職場でない場所でリフレッシュしながら仕事を行っていこうとするものです。企業によっては地域との交流を積極的に進めているものもあります。

マスコミなどでも紹介されていますが、コロナ禍が続くなか、本社が都心にある企業が在宅勤務以外にも以前より縁ある地方に密着して進めていく事例が紹介されています。なかには高額なオフィス賃料や維持費を避けて、本社そのものを撤廃した企業もあります。

しかしながら一過性の現象ともみられ、業種や職種にも影響されることはいうまでもありませんが、一部の限定された企業という冷めた見方も一方ではあるようです。

5 在宅勤務制度

厚生労働省（労働基準局）は、「在宅勤務での適正な労働時間管理の手引き」を発表しています。これによると、在宅勤務とは、「事業主と雇用関係にある労働者が、労働時間の全部または一部について、自宅で情報通信機器を用いて行う勤務形態」をいい、事業場内で勤務する場合と同様に労働基準法や最低賃金法などの労働基準関係法令が適用される働き方であるとしています。

在宅勤務制度は、ダイバーシティやワークライフバランスなどの社会的動向を背景に、最近では東日本大震災や新型コロナウイルスを経て、とくに東京などの一極集中型の都市においてはリスクマネジメントの面からも関心が高まってきています。

1. 在宅勤務における労働時間管理の在り方

在宅勤務制において、避けて通れない難しい課題が労働時間管理です。

① 1日の労働時間の管理について

いうまでもなく、労働基準法では1日8時間、1週間40時間労働が原則です。しかしながら、自宅勤務であっても変形労働時間やフレックスタイム制の適用が可能です。

なお、タイムカードの代わりとして綿密な業務日報管理やパソコンのログイン・ログアウトの状況をチェックする方法の導入などが考えられます。

② みなし労働時間制について

本来は在宅勤務であっても労働時間を算定すべきですが、以下に該当する場合には、厳格な運用のもとにみなし労働時間制を適用することも可能です。

1）業務が、実際に私生活を営んでいる自宅で行われること

2）業務に用いる情報通信機器が、使用者の指示により常時通信可能な状態におくようになっていないこと

3）その業務が、随時使用者の具体的な指示に基づいて行われていないこと

原則は所定労働時間労働したものとみなすものですが、過半数組合または過半数代表との間で労使協定を締結したときは、その協定で定める時間が「業務の遂行に通常必要とされる時間」として認められます。協定で定める時間が法定労働時間を超える場合には、所轄労働基準監督署への届け出も必要となります。

③ 休憩、休日、深夜労働について定める

休憩、休日、深夜労働については、②の見なし労働時間の対象とはならないので注意が必要です。使用者としてもこのことを周知徹底する必要があります。

例えば、社員の意志で家族が寝静まった後の方が自分のペースでできるがゆえに深夜での勤務を行ってしまう場合などが考えられます。勤務する場所がもともとプライベートの自宅であるがゆえの問題でもあり、事業主として深夜勤務を避けるためにはあらかじめ以下の点を押さえておく必要もでてきます。

1）深夜に仕事をすることを義務付けないこと

2）対象となる労働者の当日の業務量が過大である場合や期限の設定が不適切である場合など、深夜に仕事せざるを得ないような黙示も含めての指揮命令を行わないこと

3）深夜の労働者からメール送信や、深夜に仕事をしなければ不可能なような成果物提出などはさせないこと

2. 在宅勤務制度を進めていくために

在宅勤務制度を実施する意義について労使ともに共通認識を持ち、目的に沿った運用を行っていく必要があります。

また以下の点に留意する必要があります。

① 過重労働を防止するとともに健康管理に留意すること

在宅勤務であっても安全配慮義務は事業主にあります。また、在宅勤務中に業務が原因で生じた災害は労災保険の対象となります。従って、健康診断はいうまでもなく、安全衛生教育、VDT 作業を始めこれに関連する研修を実施することも必要です。

② 在宅勤務制に関連する制度や施策も考慮すること

例えば、渉外が中心の営業職等に対するフリーアドレス制や職住接近型のサテライトオフィス制などが挙げられます。なお、自宅のみならず、図書館やホテルなどの公的機関、帰省先での勤務はどうかなども広く想定しておく必要があるでしょう。

③ プライバシーにも配慮すること

今までの人事労務管理では想定しえなかった私的空間での業務であることを意識せざるを得ません。

以上、これまでの人事管理とは異なってくるがゆえに、適正な業務量を把握するとともに、労使の信頼を維持、向上させ、そのためにも報告から連絡、相談など密なフォロー体制が欠かせなくなるとみるべきです。

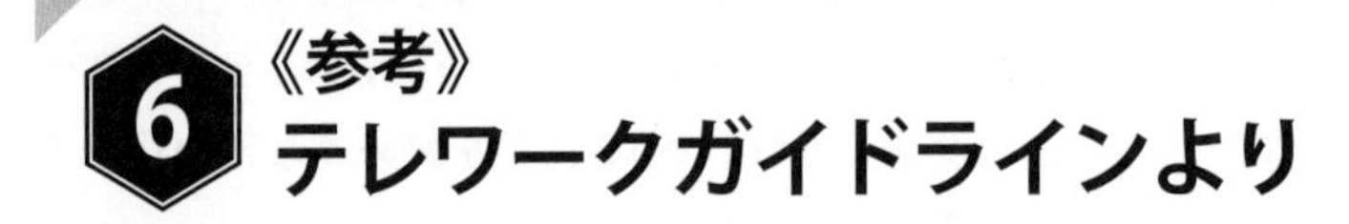

6 《参考》テレワークガイドラインより

厚生労働省よりテレワークガイドラインが発表されています。これをもとによりわかりやすくまとめてみました。

1. テレワークの導入にあたってのポイント

テレワークは、働き方改革推進の観点からも重要になってきますが、労使双方にとってのメリットやデメリットがどうかをとらえる必要があります。当然ながら、生産性の維持向上を前提としなくてはなりません。

2. 対象業務

これまでテレワークが難しいとされてきた業種、職種であっても、個々の業務にまで落とし込んでみていけば、実施可能な場合もあります。一方で管理職の意識を変え、仕事の進め方の見直しが必要になってくることも考えられます。また、これまでどおり事業所に出勤しなくてはならない従業員がなくなるわけでもないでしょう。そのためにも業務の偏りをなくすための配慮が欠かせません。また、たまたま近くに住んでいたり、単身なのでよく呼び出されるとか、さらには実際の労働時間が増えているなどの声を聞きますが、あらためて検討が必要でしょう。

3. 対象者

テレワークの対象者の選定にあたっては、同一労働同一賃金の観点からも正規社員、非正規雇社員といった違いだけで除外してはなりません。

とくに在宅勤務の場合、プライベート生活の問題から難しい従業員に対しては、サテライトオフィスを始めとした他のモバイル方式での勤務も検討してみる必要があります。一方で新入社員を採用して間もないか、もしくは異動して間もない従業員などについては指示方法などのコミュニケーションの在り方や指導、教育についてはこれまで以上の配慮が求められます。

4. 導入の際の取り組み方

必要とは必ずしもいえない署名や捺印などを廃止して電子決裁化を進めること、交付書類の削減（ペーパーレス化）も含めて検討を行い、意識改革とあわせて業務の進め方を工夫したうえで見直しに取り組むことも並行して行っていくことが望ましいといえます。

そのためにも経営トップから方針を打ち出すなど経営改革の一環として全社的に取り組む問題であるといえます。

5. 人事評価

人事評価は、企業が従業員に対してどのような職務行動を求めるのか、これを賃金など処遇にどのように反映するかという点から､企業が独自に、テレワークの実情に即して実施していく問題となります。評価者に対しては、あらためて評価者研修なども実施すべきでしょう。

例えば、勤務時間外のメール等にすぐに返信しなかったことを理由としてマイナスの評価を行うことは適切とはいえません。一方で、現時点でテレワークの対象外となり、事業所で勤務せざるを得ない従業員に対して、このことだけでプラス評価することも適切とはいえません。

6. 費用負担

テレワークによって従業員側に新たな負担が発生することも考慮しなくてはなりません。各企業の業務内容、事務用品の貸与などにもよって負担の取扱いも変わってくるために、会社側、従業員側のどちらが負担するかについては労使で十分に話し合ったうえでルールを定め、就業規則やテレワーク規程等への規定化も求められます。

7. 人材育成

テレワーク導入時、または必要な機材を導入したとき等を見計らって研修等を行うことも考えられます。管理職が適切な指導を行っていくためのマネジメント研修も求められます。

8. テレワーク下のルール

いうまでもありませんが、労働基準法、最低賃金法、労働安全衛生法、労働者災害補償保険法等の労働基準関係法令はテレワーク下でも適用されることになります。円滑に実施するために、労使で協議のうえ、テレワークルールを就業規則やテレワーク規程などに定め、従業員への周知徹底を図る必要があります。

9. 労働時間の柔軟化

労働基準法で定める労働時間管理制度でのテレワークは可能です。一方で、テレワークの実態に応じて労働時間制度をあらためて見直すことも考えられます。

これまでは集団で一斉に始業及び終業の時刻や所定労働時間を定めていたところをテレワーク対象の従業員ごとに自由裁量を認めるように見直すことも可能です。例えばフレックスタイム制は、個々の従業員が始業及び終業の時刻を決定することができ、テレワークにはなじみやすいといえます。また、事業場外みなし労働時間制は、事業場以外で業務に従事した場合、労働時間を算定することが難しいときに適用されるものですが、テレワークでより自由な働き方を希望する従業員に対して、より柔軟に運用することも可能です（事業場外みなし労働時間制を適用するための具体的な要件を定める必要があります）。

10. 労働時間等状況の把握

テレワークでは労働時間についての上司による直接的な確認ができないために、労働時間の把握に工夫が必要です。そのために最新の情報通信技術を活用することも考える必要があります。例えば次の方法が挙げられます。

【参考】労働時間の適正な把握のために使用者が講ずべき措置に関するガイドライン
・パソコンの使用時間の客観的記録等を基礎として、始業・終業時刻の確認（テレワークに使用する情報通信機器の使用時間の記録等や、サテライトオフィスへの入退場の記録等による把握）
・従業員の自己申告による把握
※ 自己申告の運用方法を定め、十分な説明を行う必要があります。

11. テレワークならではの状況対応

中抜け時間とは、の途中でプライベートなことに割くことになった時間をいいます。これを把握するために、例えば一日の終業時において従業員から報告させたり、中抜け時間を休憩時間として取り扱うとともに終業時刻を繰り下げたり、時間単位の年次有給休暇として取り扱ったり、また始業及び終業の時刻の間の時間については休憩時間を明らかにしたうえで、これを除いて労働時間とすることを就業規則やテレワーク規程へ記載することが求められます。

長時間労働対策としては

- メール送付の一定の制限やシステムへのアクセス制限をかける措置等
- 時間外・休日・所定外深夜労働関連の手続きの際、労使合意に基づき時間外労働が可能な時間帯や時間数をあらかじめ会社が設定すること

等が挙げられます。

12. 安全・衛生

テレワークでは、従業員が上司等とのコミュニケーションが取りにくい、上司等が従業員の心身の変調に気づきにくいという状況となる場合が多く見受けられます。このため会社は、「テレワークを行う従業員の安全衛生を確保するためのチェックリスト（事業者用）」を活用する等によって、健康相談を行う体制やコミュニケーションのための措置を実施することが望ましいといえます。

また自宅等では、これまでの事務所衛生基準規則等を適用することが難しくなりますが、安全衛生に配慮したテレワークが実施されるように、「自宅等においてテレワークを行う際の作業環境を確認するためのチェックリスト（従業員用）」を活用し、作業環境に関する状況報告を求め、必要な場合には改善を図る、又は自宅ではないサテライトオフィス等を活用することなども検討点となります。

13. 労働災害

労働契約に従ってテレワーク上で発生した災害は、「業務上の災害」として労災保険給付の対象となります。会社は、情報通信機器の使用状況などの客観的記録や従業員から申告された時間の記録を保存し、従業員が負傷した場合の災害発生状況等について、会社や医療機関等が正確に把握できるように、状況を記録しておくことを従業員に周知する必要があります。

14. ハラスメントへの対応

事業主は、パワハラ、セクハラ等の防止のための措置をとることが義務づけられており、テレワークでも、事業所に出勤する際と同じく、関係法令・指針に基づいて、ハラスメントを行ってはならないことを従業員に周知啓発する等、防止対策をとる必要があります。

15. セキュリティ面での対応

情報セキュリティ面から全業務を一律にテレワークの対象外と判断することなく、技術の進展状況等を踏まえ、解決方法の検討を行い、業務ごと個別にまめに判断することが望ましいといえます。

7 在宅勤務規程例

《参考》 モデル在宅勤務規程例

※ 以下は厚生労働省案をもとに一部修正したものです。

第１章　総 則

（目的）

第１条　この規程は、就業規則第△条に基づき、従業員が在宅で勤務する場合における事項について定めたものである。

（定義）

第２条　在宅勤務とは、従業員の自宅、その他自宅に準じる場所（会社指定の場所に限る）において情報通信機器を利用した業務をいう。

第２章　在宅勤務の許可及び利用

（在宅勤務の対象者）

第３条　在宅勤務の対象者は、就業規則第△条に定める従業員であって次の各号の条件を全て満たした者とする。

（１）本人自ら在宅勤務を希望する者

（２）自宅の執務環境、セキュリティ環境、家族の理解のいずれも適正と認められる者

2.　在宅勤務を希望する者は、所定の許可申請書に必要事項を記

入し、1週間前までに会社から許可を受けなければならない。

3. 会社は、業務上その他の事由により、前項による在宅勤務の許可を取り消すことがある。

4. 第2項により在宅勤務の許可を受けた者が在宅勤務を行う場合は、前日までに所属長へ利用を届け出なくてはならない。

(在宅勤務時の服務規律)

第4条　在宅勤務に従事する者（以下「在宅勤務者」という。）は就業規則第△条及びセキュリティガイドラインに定めるもののほか、次に定める事項を遵守しなければならない。

（1）在宅勤務の際に所定の手続に従って持ち出した会社の情報及び作成した成果物を第三者が閲覧、コピー等しないよう最大の注意を払うこと。

（2）在宅勤務中は業務に専念すること。

（3）第1号に定める情報及び成果物は紛失、毀損しないように細心の注意をもって取扱うとともに、セキュリティガイドラインに準じた確実な方法で保管・管理しなければならない。

（4）在宅勤務中は、会社が特別に認めた場合を除き、自宅以外の場所で業務を行ってはならない。

（5）在宅勤務に当たっては、会社情報の取扱いに関し、セキュリティガイドライン及び関連規程類を遵守しなくてはならない。

第3章　在宅勤務時の労働時間等

(在宅勤務時の労働時間)

第5条　在宅勤務時の労働時間については、就業規則第△条の定めるところによる。

2. 前項にかかわらず、会社の指示に従って始業時刻、終業時刻及び休憩時間の変更をすることがある。

3. 前項の規定により所定労働時間が短くなる者の賃金については、育児・介護休業規程第△条に規定する勤務短縮措置時の賃金の取扱いに準じるものとする。

（休憩時間）
第6条　在宅勤務者の休憩時間については、就業規則第△条の定めるところによる。

（所定休日）
第7条　在宅勤務者の休日については、就業規則第△条の定めるところによる。

（時間外及び休日労働等）
第8条　在宅勤務者が時間外労働、休日労働及び深夜労働をする場合は所定の手続を経て所属長の許可を受けなければならない。

2. 時間外及び休日労働について必要な事項は就業規則第△条の定めるところによる。

3. 時間外、休日及び深夜の労働については、賃金規程に基づき、時間外勤務手当、休日勤務手当及び深夜勤務手当を支給する。

（欠勤等）
第9条　在宅勤務者が欠勤、又は勤務時間中に私用のために勤務を一部中断する場合は、事前に申し出て許可を得なくてはならない。ただし、やむを得ない事情で事前に申し出ることができなかった場合は、事後速やかに届け出なければならない。

2. 前項の欠勤、私用外出の賃金については賃金規程第△条の定めるところによる。

第4章　在宅勤務時の勤務等

（業務の開始及び終了の報告）
第10条　在宅勤務者は就業規則第△条の規定にかかわらず、勤務の開始及び終了について次のいずれかの方法により報告しなければならない。
（1）電話
（2）電子メール
（3）勤怠管理ツール

（業務報告）
第11条　在宅勤務者は、定期的又は必要に応じて、電話又は電子メール等で所属長に対し、所定の業務報告をしなくてはならない。

（在宅勤務時の連絡体制）
第12条　在宅勤務時における連絡体制は次のとおりとする。
（1）事故・トラブル発生時には所属長及び代理の者に連絡しなくてはならない。
（2）前号の所属長又は代理の者に連絡がとれない場合は、○○課担当まで連絡しなくてはならない。
（3）社内における従業員への緊急連絡事項が生じた場合、在宅勤務者へは所属長に連絡しなくてはならない。なお、在宅勤務者は不測の事態が生じた場合に確実に連絡がとれる方法を事前に所属長に伝えておかなくてはならない。
（4）情報通信機器に不具合が生じ、緊急を要する場合は所属長に報告するとともに△△課へ連絡し指示を受けなくてはならない。

第5章　在宅勤務時の賃金等

（賃金）
第13条　在宅勤務者の賃金については、賃金規程第△条の定めるところによる。

2. 前項の規定にかかわらず、在宅勤務（在宅勤務を終日行った場合に限る。）が週に4日以上の場合の通勤手当については、原則として毎月定額の通勤手当を支給せずに実際に通勤に要する往復運賃の実費を賃金支給日に支給するものとする。

（費用の負担）

第14条　会社が貸与する情報通信機器を利用する場合の通信費は会社負担とする。

2. 在宅勤務に伴って発生する水道光熱費は在宅勤務者の負担とする。

3. 業務に必要な郵送費、事務用品費、消耗品費その他会社が認めた費用は会社負担とする。

4. その他の費用（情報通信機器・ソフトウェア等の貸与等）については原則として在宅勤務者の負担とする。

第15条　会社は、在宅勤務者が業務に必要とするパソコン、プリンター等の情報通信機器、ソフトウェア及びこれらに類する物を原則として貸与するものとする。

なお、当該パソコンに会社の許可を受けずにソフトウェアをインストールしてはならない。

2. 会社は、在宅勤務者が所有する機器を利用させることができる。この場合、セキュリティガイドラインを満たした場合に限るものとし、費用については別途定めるものとする。

（教育訓練）

第16条　会社は、在宅勤務者に対して、業務に必要な知識、技能を高め、資質の向上を図るため、必要な教育訓練を行う。

2. 在宅勤務者は、会社から教育訓練を受講するよう指示された場合には、当該教育訓練を受けなければならない。

（災害補償）
第17条　在宅勤務者が自宅での業務中に災害に遭ったときは、就業規則第△条の定めるところによる。

（安全衛生）
第18条　会社は、在宅勤務者の安全衛生の確保及び改善を図るため必要な措置を講ずるものとする。
2.　在宅勤務者は、安全衛生に関する法令等を遵守し、会社と協力して労働災害の防止に努めなければならない。

（施行）
第19条　本規程は、△△△△年△月△日より施行する。

8 在宅就業

なお､在宅勤務と似てはいますが､事業主と直接の雇用関係にはない（いわゆるフリーランサー：**139頁参照**）ことを前提とした請負契約等に基づく働き方として、いわゆる非雇用の就業形態である「在宅就業」もこれに挙げられます。

〔基発第0305003号/2004年3月5日〕

詳しくは本書第2編第5章の「雇用でない働き方」を参照願います。

ちなみに著者のもとについ最近、「定年退職後に親の介護の問題もあって故郷に戻っての遠隔地勤務もしくは遠隔地での在宅就業は可能か」との相談を受けました。働き方の選択肢が広がってきているのは間違いないところです。

第3章

柔軟な時間管理

柔軟な労働時間管理制度

高齢者雇用にあたって重要なのは、個々の置かれた状況に沿い、要望に応じていく柔軟性です。なかでも働き方と働く時間帯がカギを握ることになります。労働基準法に則って高年齢者に適する労働時間管理について以下に挙げてみましょう。

1. 変形労働時間制

変形労働時間制とは、一定の期間を平均して、1週間当たりの労働時間が法定の労働時間を超えない範囲内で、特定の日または週に法定労働時間を超えて労働させることができるようにする制度です。変形労働時間制は、労使協定または就業規則等で定めることによって初めて有効になるものです。変形労働時間制は、1カ月単位、1年単位、1週間単位とに分かれます。

2. フレックスタイム制

フレックスタイム制とは、1日の労働時間帯を勤務が義務付けられている時間帯（コアタイム）と、その時間帯の中であればいつ出社または退社してもよい時間帯（フレキシブルタイム）とに分け、出社・退社の時刻を労働者の決定に委ねる制度です。なお、ここでいうコアタイムは必ず設けなければならないものではなく、全部をフレキシブルタイムとすることも可能です。一方でこれとは逆に、ほとんどがコアタイムでフレキシブルタイムが極端に短い場合などには、基本的に始業及び終業の時刻を労働者の決定に任せたことにはならず、フレックスタイム制とはみなされなくなることもあるので注意が必要です。

フレックスタイム制は、就業規則等により制度を導入することを定めた上で、労使協定により、一定期間（1カ月以内）を平均して1週間当たりの労働時間が法定の労働時間を超えない範囲内で、その期間における総労働時間を定めた場合に、その範囲内で始業・終業時刻を労働者がそれぞれ自主的に決定することができるようになります。

3. みなし労働時間制

みなし労働時間とは、労働時間を客観的に算定することが難しい場合において、所定の労働時間働いたとみなすという制度です。みなし労働時間制には、「事業場外みなし労働時間制」及び「専門業務型裁量労働制」、「企画業務型裁量労働制」の3つのタイプが挙げられます。

事業場外みなし労働時間制は、事業場外で労働する場合で労働時間の算定が困難な場合に、原則として所定労働時間について労働したものとみなす制度です。

次に専門業務型裁量労働制とは、業務遂行の手段や時間配分などに関して使用者が具体的な指示をしないデザイナーやシステムエンジニアなど次に挙げる19の業務について、実際の労働時間数とはかかわりなく、労使協定で定めた労働時間数を働いたものとみなす制度です。

（1）新商品若しくは新技術の研究開発又は人文科学若しくは自然科学に関する研究の業務
（2）情報処理システム（電子計算機を使用して行う情報処理を目的として複数の要素が組み合わされた体系であってプログラムの設計の基本となるものをいう。（7）において同じ。）の分析又は設計の業務
（3）新聞若しくは出版の事業における記事の取材若しくは編集の業務又は放送法（昭和25年法律第132号）第2条第4号に規定する放送番組若しくは有線ラジオ放送業務の運用の規正に関する法律（昭和26年法律第135号）第2条に規定する有線ラジオ放送若し

くは有線テレビジョン放送法（昭和47年法律第114号）第２条第１項に規定する有線テレビジョン放送の放送番組（以下「放送番組」と総称する。）の制作のための取材若しくは編集の業務

（４）衣服、室内装飾、工業製品、広告等の新たなデザインの考案の業務

（５）放送番組、映画等の制作の事業におけるプロデューサー又はディレクターの業務

（６）広告、宣伝等における商品等の内容、特長等に係る文章の案の考案の業務（いわゆるコピーライターの業務）

（７）事業運営において情報処理システムを活用するための問題点の把握又はそれを活用するための方法に関する考案若しくは助言の業務（いわゆるシステムコンサルタントの業務）

（８）建築物内における照明器具、家具等の配置に関する考案、表現又は助言の業務（いわゆるインテリアコーディネーターの業務）

（９）ゲーム用ソフトウェアの創作の業務

(10) 有価証券市場における相場等の動向又は有価証券の価値等の分析、評価又はこれに基づく投資に関する助言の業務（いわゆる証券アナリストの業務）

(11) 金融工学等の知識を用いて行う金融商品の開発の業務

(12) 学校教育法（昭和22年法律第26号）に規定する大学における教授研究の業務（主として研究に従事するものに限る。）

(13) 公認会計士の業務

(14) 弁護士の業務

(15) 建築士（一級建築士、二級建築士及び木造建築士）の業務

(16) 不動産鑑定士の業務

(17) 弁理士の業務

(18) 税理士の業務

(19) 中小企業診断士の業務

３番目の企画業務型裁量労働制は、事業運営の企画、立案、調査及び分析の業務であって、業務遂行の手段や時間配分などに関して使用者が具体的な指示をしない業務について、実際の労働時間数とはかかわりなく、労使委員会で定めた労働時間数を働いたものとみなす制度です。

対象となる事業場は、本社･本店である事業場だけでなく、「企画、立案、調査及び、分析業務」を行い、独自の事業計画を立てて事業を実施し、企業運営に影響を及ぼす事業場でも認められるようになりました。

ただし、対象となる業務を始め、対象労働者の条件として、対象業務を適切に遂行するための知識、経験等を有する者で業務の大半を対象業務が占めているなど､制度の導入要件についてかなり厳格に定められています。労使委員会の議決も委員の５分の４以上の賛成によって行う必要があり、対象となる労働者の同意も必要とされているなど、導入段階のハードルが高いということもあって、多くの企業で実施されているわけではありません。

短時間労働（パートタイム労働）

パートタイム労働法（短時間労働者及び有期雇用労働者の雇用管理の改善等に関する法律）の対象である「短時間労働者」（パートタイム労働者）とは、「1週間の所定労働時間が同一の事業所に雇用される通常の労働者の1週間の所定労働時間に比べて短い労働者」となっています。

これは、「パートタイマー」「アルバイト」「嘱託」「契約社員」「臨時社員」「準社員」など、呼び方は異なっても、この条件に当てはまる労働者であれば、「パートタイム労働者」としてパートタイム労働法の対象となります。

ここでいう、「通常の労働者」とは、事業所において一般の社会的通念からみて「通常」と判断される労働者を指します。この「通常」の判断は、業務の種類ごとに行い、「正社員」、「正職員」など、いわゆる正規型の労働者がいれば、その労働者をいいます。例えば、労働契約の期間の定めがない、長期雇用を前提とした待遇を受ける賃金体系であるなど雇用形態、賃金体系などを総合的に勘案して判断することになります。

事業所に同種の業務に従事するいわゆる正規というべき労働者がいない場合には、フルタイムの基幹的な働き方をしている労働者を通常の労働者として、その労働者より1週間の所定労働時間が短い労働者がパートタイム労働者となります。

1. パート関連法への対応

パートタイマー（短時間労働者）の社会保険の加入条件は、常時雇用者（フルタイムのいわゆる正社員）の月の労働日数と1日の労働時間が4分の3以上となっています。あわせて、以下の要件が求められます。

① 週の所定労働時間が20時間以上であること

② 月額賃金が月8.8万円以上（1年間で約106万円以上）であること

③ 2ヵ月以上使用されることが見込まれること
④ 従業員101名以上の勤務先で働いていること（2024年10月からは51名以上に拡大）

2. 高齢者パート雇用のポイント

パート労働法は、いわゆる正社員に対して労働条件を低く抑えられてきたパートを保護する目的で明文化されたものであり、高齢者パートの適用にあたっては、その特性から考慮すべき点もでてきます。とくに高齢者にとっては、1日の労働時間を短くするだけではなく健康面や安全面からも週の中休みを持ったり（水曜または木曜日の休みなど）、生産現場などではパートタイムのシフト体制を組んだりするなどにより工夫する余地があります。

なかには、一般のパートが集まりにくい土日、祝日などに高齢者パートの出勤が期待できるようなケースもあります。もちろんこの場合、本人が選択できる幅をできるだけ多く持つことが得策にもなります。

3. 高齢者を核としたパートの戦略化

非正規社員の増加とともに、パートも多様化してきています。これからは、定年を迎えた高齢者パートを戦略的にフルに活用し、個々のやる気を発揮させて会社業績の向上を目指すことが経営課題になってくるともいえます。

高齢者（高年齢者）パートの実態についてみてみましょう。連合による「高年齢者雇用に関する調査（2020年1月発表）」によると、65歳以降の働き方として1日当たり何時間程度働くことが適切かという質問には、5時間が28.9%ともっとも多く、続いて8時間（17.6%）、4時間（16.2%）、6時間（15.0%）と続いています（平均は5.4時間）。

また1週間に何日程度働くことが適切かという質問については、5日（32.1%）、3日（30.1%）、4日（30.0%）と続いており（平均は3.9日）、パート勤務希望が多いことがわかります。

また、日本ではもともと先進国と比べて高齢者の就業率は高いのですが、高齢者がパート勤務を希望する理由を挙げると「経済的な理由」はもちろんのこと、「健康上の理由」や「いきがい、社会参加のため」という理由も多いことが調査などでも表れています。

今後、年金の受給年齢が上がることにより、経済的な理由で働く高齢者が増えていくことが想定されますが、ただし、それまでの生活水準を維持したいとか、余暇を有意義に過ごしたいといった余裕をもった要望も多いということは押さえておく必要があります。また、これにも関連してフルタイマーへの転換要望が必ずしも多いとはいえないということも留意しておく必要があります。すなわち、60歳くらいでけじめをつけて、引き続いて働きたいけれども時間的な拘束は避けたいという本音もここに見えてきます。

4. パート等級制度

雇用形態からすればパートタイム労働に区分されますが、従来のように正社員対パートというように単純に区分することは必ずしも適切ではなくなってきています。ここでは高齢者パートの有効活用に焦点をあてた制度と施策を考えてみます。

基本人事制度からみると、パートの実態に即した等級制度を導入することが考えられます。正社員の等級制度が長期的視野で開発していくことがベースにあるのに対し、パート用では中期的視野での習熟年数に応じたシンプルなものとし、しかも役割（担当職務）のレベルにも対応したものとします。実際の等級数は、対象となる人数や担当職務の実態にもよりますが、4ないし5等級程度が適当でしょう。これに高齢者パートを組み込んでいきます。

等級制度の対象となるパートについては、例えば週の勤務時間が20時間以上とし、さらに4等級（または3等級）以上であれば30時間とするなど勤務時間と組み合わせることも考えられます。

等級の内訳としては、まだ経験が浅い層（1等級に該当）とベテランで、しかもそれに見合う職務に就いている層（3等級に該当）とにまず区分し、次にその中間段階（2等級）を設定します。4等級は、3等級のなかからとくにパートリーダーとしての役割を担う場合と限定的にとらえることが適当です。ここでいうパートリーダーとは正社員の実務責任者の代理を務めるようなポストがあてはまります。この場合、パートから正社員への転換制度も重要な課題となります。すなわち4ないし5等級は正社員とのブリッジ（橋渡し）としての要（かなめ）とするわけです。高齢者以外の一般のパートからみれば正社員への移行を叶えるような転換基準を設けることになります。

【パート等級制度】

等級	能力と役割の段階
P－5（パート5等級）	① 管理職（所長や店長などの小事業所長を含む）として組織のライン長の立場にあり、事情によって短時間勤務を認められている者 ② ①相当の高度なレベルでの専門職として認められる者
P－4（パート4等級）	① 業務全般にわたって相当のベテランとして評価され、しかもパートリーダー（チーフまたは主任）としての役割を担う者 ② 当社及び同業他社もしくは同職種で10年程度以上の勤務経験を持つ者
P－3（パート3等級）	複数の業務において豊富な経験を持つ熟練パート（多能パート）で、かつこれにふさわしい職務に就く者
P－2（パート2等級）	経験を重ねて自己の担当業務を明確に持ち、独力でこなす者
P－1（パート1等級）	初心者、見習い段階の者

第4章

選択型の高年齢者施策

役職定年制

1. 役職定年制度の実態

高年齢者雇用安定法の改正施行をきっかけとして、65歳雇用の完全義務化はいうに及ばず、さらに将来まで見据えての70歳雇用が視野に入ってきています。現在、経営合理化のための組織のスリム化からくるポスト不足が大きな課題となってきており、新たな役職制度の構築とともに役職の脱身分化が避けられない課題となっています。この対策として、検討すべきなのが役職定年制度です。

役職定年制度（管理職定年制度）とは、一定の年齢に達したことにより、管理職ポストを離脱する制度を指します。

人事院による「民間企業の勤務条件制度等調査」（2017年）によると、役職定年制のある企業は16.4%となっています。規模別にみると500人以上が30.7%、100～499人が17.6%、50～99人が10.4%と規模によっても異なっています。今後も継続したいとする企業は500人以上が95.7%、100～499人が96.4%、50～99人が93.8%となっており、大体は継続を考えているようです。役職定年制のある企業のうち部課長級の役職定年年齢は55歳あたりに集中しているようです。55歳というのは現在の60歳以上定年が施行される前の旧定年年齢の名残りとみることもできるかと思います。

2. 役職定年制度の特徴

役職定年制度の特徴を長短双方からみてみましょう。

【会社側のメリット】

◎ 組織の新陳代謝を促進させることができる。

◎社員の意識改革を進めることができる。

◎定年前の社員に対して後進育成に重点を置くよう職務転換を行うことができる。

◎人件費の抑制に結び付けることができる。

【対象者側のメリット】

◎管理職の業務は、体力的、精神的にみてハードな業務であり、加齢に伴う負担から計画的に解放される。

【会社側のデメリット】

◎健康面を始めとして、管理職としての適性や能力などについては個人差が大きい。

◎地域、部門、職種などそれぞれの組織の実情に対応できない場合もあり得る。（組織マネジメントの要請から例外を認めざるを得ないケースもあり、これが多くなると制度そのものが骨抜きになってしまいかねない。）

◎欧米ではそもそも人事制度を年齢に連動する考え方があまりなく、グローバル化が進むなかで相反することとなりかねない。

◎必ずしも合理的な人件費管理には結びつかない場合もある。

【対象者側のデメリット】

◎とくに同じ職場で継続して勤務する場合などは、前の部下に逆転されるような認識を持ちがちで、モラール維持の面で問題がある。

以上を踏まえ、一律の年齢にこだわるだけではなく、組織の実態に応じて個別に対応していくことについても検討する必要があるといえます。

3. 導入事例

企業の例からみてみましょう。

【A社の場合】

〔総合職〕

部長級 57 歳

次長級 51 ～ 55 歳

課長級 47 ～ 49 歳

主任 42 歳

〔一般職〕

事務主任　58 歳

一般　50 歳

A 社の場合には、役職定年制を拡大して等級定年制をとっているといえます。

【B 社の場合】

本部長 57 歳

統括部長 55 歳

担当部長・統括課長 53 歳

【C 社の場合】

次長職以上 57 歳

課長（ライン長）55 歳

管理職補佐クラス 50 歳

【D 社の場合】

全役職 60 歳

昨今の調査結果をみると、役職定年制はやや減少傾向にあるともいえますが、改正高年法を受けて、再度の見直しが必要になっている企業もあるという見方もできます。

また、なかには役職定年制の運用をみると、役職定年後には同格、もしくは格下の専門職に横滑りするケースもあるようです。とくに部長級の場合には後者が多く見受けられ、役職手当の減額もしくは不支給なども行われています。これに関連して、役割給や職務給など職務基準型賃金の導入によってこれまでより合理的な人件費管理が進んできているともいえます。逆説的にいえば、本来の職務基準型の賃金へ転換することができれば、役職定年制度そのものが必要なくなるともいえます。

 役職任期制度

❶の役職定年制度に関連する制度として、役職任期制度（管理職任期制度）があります。これは、役職にあらかじめ2年ないし3年など一定の任期を設けて登用し、任期満了と同時に任期中の業績や意欲、適性などを再評価したうえで役職を解任し、または再任、昇進、他のポストに異動するなど次の処遇を決定する制度です。有能な適性のある人材に対しても原則として役職を外せざるを得ない役職定年制と比べて柔軟性が高いことがメリットとして挙げられます。

しかしながら、実際の運用面からすれば、管理職の適性に欠ける者であっても実際は解任まではしにくいなどの問題も発生しかねないので注意が必要です。すなわち、各社の実態とこれまでの経緯、さらには組織風土などから役職定年制度か役職任期制度かを総合的に判断し決定すべきです。

ちなみに筆者はコンサルティング先に対して、同年齢でも個人差の大きい役職定年制よりもこの役職任期制を提案するケースが多いです。というのも役職が身分ではなく、役割；任命された職務であることを強調するとともに、この役職任務に対して緊張感をもって励んで欲しいということが背景にあります。年齢で一律に定める役職定年よりも状況に応じて変動する役職任期制の方が、個々の運用状況に即して対処できるというメリットから、役割給を導入するにあたり、硬直化を避けるための人事施策とみることもできると考えます。

出向・転籍制度

役職定年後の人材活用策としては、大きく社外か社内かに分かれます。これは、社外の特定企業へ在籍出向または移籍する場合を指すもので、グループ企業などを傘下に持つ大企業などで以前より見受けられるものです。いうまでもなく大企業では研修制度やＯＪＴも充実しており、その長く専門的な豊富な経験を子会社で活かすことが期待されます。一方、子会社の側からすれば、プロパー社員のモチベーションが上がらず、また生え抜きの人材が育たないという問題も生じかねないので、対策を考える必要があります。

また、これまでは一部の大企業だけの問題であったのですが、今回の改正高年法では、雇用の確保についてはグループ企業も含めて拡大されたこともあり、これからは今まで以上に積極的に行われていくことが予想されます。

退職を促進する制度

これまで、役職定年年齢前後における雇用管理制度について述べてきましたが、以下は高年齢者及びこれに至る中高年齢者に対して円滑な退職を促進するための制度になります。

広くセカンドキャリアをバックアップするということで定年前転進支援制度と呼ぶ企業もあります。

1. 早期退職優遇制度

大企業を中心に多くの企業で制度を設けているのがこの早期退職優遇制度です。

社員が定年を待たずに自主的に転職や独立などが可能になるように企業としても支援するものです。企業としては、人員構成上での調整や人件費コスト削減などを図るメリットがあり、一方の従業員側には退職金に一定の割合を加算したり、月例給や年収に一定の加算を行ったりするなどの特典を与えることが行われています。

一般的に早期退職制度とは、定年前に自主的な退職を促す恒常的な制度であり、企業の若返りなどを目的として行われています。雇用保険における退職事由としては自己都合による退職扱いとする場合が多く見受けられます。

なお、急な業績悪化や組織改編など経営上の非常事態を受け、人員整理を目的とした一時的、臨時的措置として実施されることもあります。この場合には希望退職制度とし、早期退職制度とは区分して行われることもあります。

希望退職の場合、退職事由としては特定受給資格者と見なされ、会社都合による退職扱いとなります。また、対象年齢や勤続年数について何歳以上、何年以上と期間及び人数も限定して実施する場合が多く見受けられます。例えば、50歳以上55歳までの勤続15年以上の従業員を10名程度などです。なお、条件設定の場合には男女雇用機会均等法など関連法規への注意も欠かせません。あわせて求職活動のための特別休暇を設ける場合もあります。

早期退職及び希望退職制度における注意点としては、退職金の支払いのために一時的にせよ資金繰りでの対応に迫られること、有能な人材が退職することもありえること、さらに情報流出のリスクや対象者以外の従業員のモチベーションダウンなどが挙げられます。そのためにも応募者数等の予測が不可欠となるとともに会社の承諾条件も課すなど、積極的にセカンドキャリアを目指す人材にとって誤解されないように慎重に配慮した具体策をとりまとめる必要があります。

2. 選択定年制度

早期退職優遇制度と同じ意味で使われることもありますが、これに対し選択定年制度は、一定の年齢（50、55歳など）に達した社員が自らの意思で定年を選択することができる制度です。この選択した年齢で、いわば定年が前倒しされて定年退職扱いとされるために、より積極的に退職に導く制度といえます。

3. 再就職支援制度

定年を迎える層ですから、選択肢を多く本人の真の意思で決められるようにするのが本来の姿です。再就職を経済的な面、資格取得の面、計画的な休暇の面などで支援する制度や施策についても総合的に見直しを図る必要があります。また、再就職支援サービス業者（アウトプレースメント）の便宜を図るなど側面から支援を行うことも行われています。

再就職支援制度の具体例としては、キャリアアップに結び付くような資格取得を支援したり、休暇（転進休暇制度）などを付与したりすることが挙げられます。休暇は、有給休暇が本来望まれるところですが、独立支援の場合には無給であっても実施するメリットはあるといえるでしょう。

事業拡大したいという気持ちは強いものの、リスクを小さく自分の身の丈にあった第二の職業人生を自分なりに設計しようとしている実態が伺えます。すなわち、開業コストを抑えつつ、家庭も大事に楽しみながら、これまで培ってきた経験を活かして起業する積極的なシニア像がここにあります。

また、これに関連した行政施策のなかに、補助金や助成金などが設けられています。ざっと挙げただけでも、地域創造的企業補助金・小規模事業者事業化補助金・地域再生小企業創業助成金・生涯現役起業支援助成金・創業者に向けた融資制度（新創業融資制度）などがあります。なかには返済義務がないものもあり、事業計画書の提出や面接による審査などの厳格な要件が定められています。

なお、商工会議所または商工会で専門家が相談に応じたり（税理士・司法書士・社会保険労務士・行政書士など）、また独自のインキュベーション施設などを設けたりしているところもあります。期間の制限はありますが、不動産市場とは異なる格安家賃が設定されているなどのメリットもあるので、あらかじめ確認しておく必要があるでしょう。

第5章

雇用でない働き方

1 フリーランスとしての働き方

1. フリーランスと業務委託

改正高年法において、65歳を超えて70歳までの就業を考えていくにあたって、雇用契約（労働提供に関する契約）ではない業務委託契約なども視野に入ってきます。これに呼応するのがフリーランスです。すなわち、フリーランスとして（定年まで勤務していた会社などと）業務委託契約を結んだうえでの働き方も今後はあり得るということになります。

雇用契約とは根本的に性格が異なる業務委託契約は、正確にいうと委託契約と請負契約とに分かれます。委託契約は特定の業務を終えることを目的とする契約であり、請負契約は特定の業務をさらに完成させるまで含めてこれを目的とした契約であり、委託契約よりも責任が重くなります。すなわち、仕事がいったん終わったとしても不具合などが発生すれば契約不適合な場合の責任を負うことになり、さらに期間内に業務を終えることができない場合には、債務不履行責任まで追うことにもなります。ちなみに紛らわしい用語として委任契約があります。これは法律行為の遂行を第三者に委託する契約であり、これ自体は有償か無償かを問うものではありません。

フリーランスとしての働き方については、厚労省からガイドライン（フリーランスとして安心して働ける環境を整備するためのガイドライン）が発表されているのでこれに沿ってみていきたいと思います。

2. フリーランスとは何か

フリーランスは、実際の店舗などを持たず、また他に労働者を雇用しない自営業者を指すもので、本人の経験や知識、スキルを活用して収入を得る者をいいます。

フリーランスに関連する法律は、独占禁止法、下請け代金支払い遅延等防止法、労働関係法令などさまざまにからみ、関連の役所は内閣官房、公正取引委員会、中小企業庁、厚生労働省など多岐にわたって複雑です。それだけに潜在的な問題も多く、ガイドラインは発表されたもののさらに立法化が検討されています。

このうち独占禁止法は、発注者が事業者であれば、相手が個人であったとしても適用されます。取引上の地位がフリーランスより優越する発注者が、その地位をもとに本来の商慣習に反している場合は、規制されることになります。一方の下請法は、資本金1000万円超の法人事業者が発注するものであれば相手が個人の場合にも適用されます。この2つの法に則って、発注事業者が取引条件を明らかにした書面を交付しなくてはならないことになります。

3. フリーランスとの契約における問題行為

独占禁止法及び下請法からみた問題行為は以下のとおり挙げられます。

① 報酬の支払い遅延 … 契約した日までに報酬が支払われなかったり、または一方的に支払日を遅く設定されたりする場合があてはまります。

② 報酬の減額 … 契約通りの仕事を行ったのに当初定められていた額が支払われなかったり、業務量が予定より増えた場合は報酬の増額について合意していたのに報酬額が見直されなかったりした場合があてはまります。

③ 著しく低い報酬の一方的な決定 … 通常取引時の報酬と比べて、著しく低額で仕事を受けるように一方的に決定させられた場合があてはまります。

④ やり直しの要請 … 契約に基づいてその通りに業務を行なったのにやり直しをさせられた場合があてはまります。

⑤ 一方的な発注取り消し … 契約上の仕事を進めていたのに一方的に発注を取り消され、しかも既に発生していた費用が支払われない場

合があてはまります。

⑥（役務の）成果物に係る権利の一方的な取り扱い … 契約上の仕事の過程で発生した著作権などの権利について、発注者側が一方的に決める場合があてはまります。

⑦ 成果物の受領拒否 … 発注者側の一方的な都合により、成果物を受け取らない場合があてはまります。

⑧ 成果物の返品 … 返品条件が不明確であるのにもかかわらず、納品した成果物が返品された場合があてはまります。

⑨ 不用な商品・役務の購入・利用強制 … 必要とはいえないのに商品の購入を指示された場合などがあてはまります。

⑩ 不当な経済上利益の提供要請 … 協力金の負担や、契約にはない追加のシステム開発やデザイン作成等を要請された場合があてはまります。

⑪ 合理的な必要範囲を超えた秘密保持義務等の一方的設定 … 発注者の一方的な都合により秘密保持範囲を定められたり、「他社からの受注は禁止」などと制限されたりする場合があてはまります。

⑫ その他取引条件の一方的な設定・変更・実施 … 発注者が一方的に取引条件を設定したり、または取引の際に、正常な商慣習からみてフリーランス側に不当な不利益を与えたりする場合は、「優越的地位の濫用」にあてはまります。

4. 雇用契約（労働契約）にあたるかどうかの判断基準

契約の形式や名称で判断されるものではありません。実態に即して客観的に判断されることになります。

労働基準法上の労働者の場合は、労働時間や賃金等に関する項目が適用されます。この判断は、「使用従属性」、「指揮監督下」、「報酬が指揮監督下での労働の対価」であるかどうかの３点です。さらにこれを補う要素として、「事業者性」（仕事に必要な機械や備品などを発注者が負担する場合）、「専属性」（特定の発注者への専属性が高い場合）なども考慮されることになります。

これにも関連して労働組合法の労働者と認められる場合は、「団体交渉」の要求があった際に正当な理由なく拒否してはいけないことになります。

これを判断するにあたっては、

① 組織への組み込み … 業務遂行に必要不可欠な労働力として、組織上でも位置づけられる場合です。

② 契約内容の一方的、定型的な決定 … 労働条件や実行内容を一律で一方的定められている場合です。

③ 労務対価からみた報酬 … 労務の具体的対価として報酬に直結するものと認められる場合です。

さらにこれを補う要素としては以下が挙げられます。

④ 業務依頼時の応諾 … 個々の業務の依頼に対し、応じざるを得ないような一方的関係にある場合です。

⑤ （広い意味での）指揮監督下での労務提供 … 発注者の事実上の指揮監督のもとに労務の提供を行っていると認められる場合です。

以下も影響してきます。

⑥ 顕著な事業者性 … 恒常的に自己の才覚により成り立つフリーランスとしては認めがたく、しかも事業者として発生しうるリスクを自らが引き受けることが前提となってはいない場合などです。

【参考】

日本政策金融公庫総合研究所では、1991年から「新規開業実態調査」を実施しています。2021年11月時点での調査結果は以下のとおりでした。（対象年齢は18歳～69歳となっています）。

1週間に35時間以上事業に充てているのを「起業家」、35時間未満を「パートタイム起業家」として区分しています。

50歳代以上の高齢層は、起業家では27.7%、パートタイム起業家では21.3%を占めています。

・現在も勤務しながら事業を行っているのは、起業家では5.8%、パートタイム起業家では40.4%となっています。

・起業の動機としては、「自由に仕事がしたかった」、「収入を増やしたかった」、「仕事の経験・知識や資格を活かしたかった」、「自分の技術やアイデアを試したかった」、「自分が自由に使える収入が欲しかった」などが多くなっています。

・起業にかけた費用は、起業家では、「かからなかった」が20.6%、「50万円未満」が26.8%、パートタイム起業家では、「かからなかった」が45.6%、「50万円未満」が36.3%となっており、それほど費用はかけてはいないことが伺えます。

・仕事の受注経路としては（複数回答)、「取引先の紹介」、「友人・知人の紹介」、「前職の知り合いの紹介」、「ホームページの作成やチラシ等の配布などの宣伝広告活動」、「自身のSNSやブログを通じて」、「訪問や電話などによる直接の営業活動」などが多くなっています。

・事業を始めてよかったこと（複数回答）は、「自由に仕事ができた」、「仕事の経験・知識や資格を生かせた」、「事業経営を経験できた」、「自分の技術やアイデアを試せた」、「時間や気持ちにゆとりができた」、「個人の生活を優先できた」、「人や社会と関わりをもてた」などが多くなっています。

・一方、事業を行ううえで問題だと感じていることは、「売り上げを安定的に確保しづらい」、「業務に対する対価が低い」、「病気やけがになった場合の対応が難しい」、「税金や保険などの手続きが面倒である」、「相談相手がいない」などが多くなっています。

2 社会貢献事業

1. 改正高年法における社会貢献事業

2021年改正の高年法第10条の2第2項第2号でいう社会貢献事業は、社会貢献活動その他不特定かつ多数の者の利益の増進に寄与することを目的とするものとなっています（**本書42頁参照**）。

また、この「社会貢献事業」は、事業主が実施する事業と、事業者が委託、出資などをする団体が行うものとの双方が想定されています。

あわせて以下のとおり実施すべきとなっています。

① 基本契約と個別契約に分けること。

② 高年齢者に支払う金銭については、業務の内容や当該業務の遂行に必要な知識、経験、能力、業務量などを考慮したものとすること。

③ 1回の個別契約ごと、1回の活動ごとのような業務の実施状況に即した具体的な支払い頻度を記載するべきこと。

2. いわゆるボランティア活動とは

① ボランティアの定義

それでは、ここでいう社会貢献事業とは、いわゆるボランティア活動のことを言っているのでしょうか？ 厚生労働省社会・援護局の地域福祉課によると、ボランティアについて以下のように定義されています。

> ボランティアについて明確な定義を行うことは難しいが、一般的には「自発的な意志に基づき他人や社会に貢献する行為」を指してボランティア活動と言われており、活動の性格として、「自主性（主体性）」、「社会性（連帯性）」、「無償性（無給性）」等があげられる。ボランティ

ア活動を行い、実費や交通費、さらにはそれ以上の金銭を得る活動を「有償ボランティア」と 呼ぶ例もある。

またこれにも関連して個人の「ボランティア休暇」などを就業規則において正式に取り入れる企業も見受けられます。

② 企業ボランティア

個人の意志のみによるボランティアに対比するとらえ方として、企業ボランティアがあります。

これは、東日本大震災などをきっかけにいっそう関心が高まったもので、企業自身がその社会的認知度やイメージの向上、短期ではなくても長期的視野での企業発展、従業員に対しては定着率向上、モチベーションアップ、ロイヤリティや職場の雰囲気の向上などさまざまな目的をもって実施しています。

これに対して、個々の従業員からみれば新たな知識やスキルを得て人脈を広げることができ、また地域性に密着した計画的で組織的な特別な職業訓練の場とみることもできます。いずれにしても上記の企業ボランティア、ボランティア休暇を利用しての活動にしても従業員の身分のままで参加することになります。

③ 労務面からみたボランティア活動の盲点

ボランティア活動（個人）については、私たち社会保険労務士にも、労働基準法でいう雇用、労働者性の有無についての相談を受けることが実際にあります。その多くは経済的、精神的に余裕があり、何かの人脈やきっかけがあって主催者側の理念に共鳴し、奉仕精神のもとに半ばボランティア活動を続けてきたという人たちです。重要なポイントとして注目しなくてはならないことは、無償ではなく名目上は謝礼とか経費に相当する分とし賃金や給料とかとの言い方はしていないのでこの点もわかりにくくしています。

相談者からすれば実際に活動を始めてみて、さらに繰り返し行ってみることによって、その負担感、義務感、わりにあわない辛さ、大変さによってこれはひょっとして労働ではないかと徐々に疑ってくる場合があります。本来の雇用とは一線を画しているという前提から、お互いに契約書などもあってないようなもので、そもそも主催する側、参画する側の双方が法律の面から意識してないことが挙げられます。とくに予期せぬ労働災害が発生したり、事業主との不信感が芽生えたりして問題になることもあるようです。

3. 社会貢献事業とボランティア活動

それでは、改正高年法でいう社会貢献事業は、ボランティア活動のことを指すのでしょうか？

小野昌子氏（労働政策研究・研修機構研究員）によると、「改正高年法の制度対象となる社会貢献事業は高年齢者に役務の提供等の対価として金銭を支払う有償のものに限ること」とされ、つまり、いわゆる一般的なボランティア活動ではなく、かといって出向のような雇用形態でもない、「純粋な無償のボランティア」と「有給労働」との中間形態での活動となることが想定される、としています。

これをみてもわかりますが、社会貢献事業は一見企業ボランティアのようで雇用契約上の労働者でもないという解釈になっています。

考えてみると、高年齢者といってもさまざまです。例えば大企業での勤務を順当に全うしてきた人などをみると、子どもは親元を離れて独立し、住宅ローンや教育費などからの経済的負担からも解放され、あらためて生き甲斐や趣味、仲間とのコミュニケーションなど精神面での充足の方を重視している方も少なからずいます。このような人々が社会貢献活動に関心を持つことは十分に理解できます。大企業定年者を中心として経済面とともに心身とも余裕の表れでもあるともいえますが、これまでの自らが勤労して賃金を稼ぐことが重要なベースとなる労働という法解釈からは別の運用をしていくうえでの難しさをあらためて感じます。

改正法でいう社会貢献事業は、趣旨としてはボランティア（的）活動に近いものであることは確かであり、個々の自主性を核とした社会的正義、善意を期待してのもので、しかもその領域は多岐にわたります。それゆえのあいまいさ、不透明さを含んでいることは否めません。その性格からして、業種や職種による違い、企業内での立場、賃金や年金の受給水準などによって、個々の意識そのものからも違ってくることが伺えます。

人事労務面の課題としてみると、労働者災害補償保険法にからんだ安全・衛生管理、休日や時間外労働などからみた労働時間管理、最低賃金などの賃金管理、経費の扱いも含めた所得税などの税法面、健康保険や厚生年金などの社会保険経費を含め様々にからんでくることが想定されます。また支払う金銭の単価決定にあたっては人事評価や業績評価の関係性も問われるものとなります。さらに第１章の副業・兼業からみると、１週間の半分を引き続きこれまでの会社に勤務し、残りの半分を社会貢献事業に関わることなどもあり得るでしょう。

以上から、今回の改正高年法は現時点では理念が先行した感が否めず、あいまいさからくるあやうさが避けてとおることはできないといえます。従業員身分を失うことを含めてあらためて考えてみると、これまで内在していた問題が顕在化し、今後も判例などの積み重ねによって明らかにされてくる事項が多いことが懸念されるところです。

3 《参考》シルバー人材センターでの業務

高年齢者による公的な社会貢献事業として一般的によく聞かれるのが「シルバー人材センター」です。

これはどのような機関でどのような活動を行っているのか、参考としてご紹介します（今回の改正高年法における企業等が行う社会貢献事業とは異なるものですので、その点はご留意願います）。

シルバー人材センターは、「高年齢者等の雇用の安定等に関する法律」に基づいて高年齢者が働くことを通じて生きがいを得るとともに、地域社会の活性化に貢献する組織です。センターは原則として市（区）町村単位に置かれ、基本的に都道府県知事の指定を受けた社団法人が独立した運営を行っています。

会員制をとっており、会員は定年退職者など60歳以上の高年齢者で健康で働く意欲があり、趣旨に賛同した者が入会できるものとし、また年会費を負担することになっています。働き方としては「生きがいを得るための就業」が目的とされ、一定収入（配分金）の保証はしないことが前提となっています。

センターは、地域の家庭や企業、公共団体などから請負契約又は委任契約により受託事業を受注し、会員として登録した高年齢者の中から適任者を選んでその仕事を遂行します。仕事の完成そのものは、契約主体のセンターが負うことになっています。

具体的には、会員である高年齢者それぞれのライフスタイルに合わせた「臨時で短期（おおむね月10日程度以内）、又はその他の軽易な業務※を提供することにより、社会参加を通じて高年齢者の健康で生きがいのある生活の実現と、地域社会の福祉の向上と活性化に貢献することとしています。

※ 特別な知識又は技能を必要とすることその他の理由により同一の者が継続的に当該業務に従事することが必要である業務をいい、おおむね週20時間を超えないことが目安となっています。

※ 収入は雑所得となり、確定申告が必要となります。

※ 会員が就業する主な仕事

分野	内容
専門・技術	講師、翻訳・通訳など
事務	一般事務、経理事務など
販売	店番、販売員など
サービス	建物管理、広報配布、福祉・家事援助、育児支援、会館管理、学童通学見守りなど
農林漁業	植木の剪定、農業支援、花の手入れなど
生産工程	衣類リフォーム、刃物研ぎ、チップ・堆肥作り、表具・表装など
輸送・機械運転	自動車運転など
建設・採掘	家具修理、内装工事など
運搬・清掃・包装等	屋内外清掃、除草、カート整理など

以上から、会員からすれば、確かに経済的なメリットも期待できますが、それ以外にも生きがい、社会参加、健康維持、仲間づくりなどがむしろ主な目的となっているようです。年齢的には年金受給者である会員も多いわけですが、就業で得た収入は税法上の雑所得扱いとなり、個々に確定申告が必要となってきます。

また同センターは、未経験であっても関心のある仕事であれば講習を受講して知識やスキルを身につけることも可能としています。これとあわせて地域に密着したボランティア活動や趣味のサークル活動なども行っています。

なお、事業所の従業員と一緒になって就業することを余儀なくされる仕事や、発注者の指揮命令のもとに行わざるを得ない仕事などでは、本部を通じて労働者派遣事業や職業紹介事業を活用することになっています。

4 《参考》業務委託契約書例

※ 以下は在宅就業の場合のシンプルな見本です。契約の内容によっては、より具体的な内容や契約更新などについて付加する必要があることにご留意願います。

業務委託契約書（例）

株式会社□□（以下「甲」という）と◇◇◇◇（以下「乙」という）は、甲の業務の乙への委託に関して、次の通り契約を締結する。

（委託業務）
第１条　甲は 乙に○○の設計に関する業務（以下「本件業務」という。）を委託し、乙はこれを受託し、本件業務の目的を理解して誠実に業務を遂行する。

（契約期間）
第２条　甲が本件業務を乙に委託する期間は、△△年△月△日から△△年△月△日までとする。

（契約の解除）
第３条　甲又は乙は、本契約期間中であっても、契約の相手方が本契約に違反したときは、本契約を解除することができる。
2．甲は、本契約期間中であっても、乙が本件業務を実施することが困難であると認めたときは、本契約を解除することができる。ただし、乙が要した費用の負担については、甲乙協議の上、決定するものとする。

(報酬等)
第4条　本件業務に関する報酬額は、1件あたり▲▲千円とする。なお、発注書に定める報酬額が本契約書に定める報酬額より高い場合は、発注書の定めによるものとする。
2．交通費、通信費等諸経費の取扱いについては、甲乙協議の上、決定する。

(報酬の支払方法)
第5条　甲は、乙から毎月末日までに提出を受けた請求書に関し、各月分の報酬額を翌月末日までに乙指定の銀行口座に振り込むものとする。なお、その際の振込手数料は、甲の負担とする。

(契約条件の変更)
第6条　甲は、委託業務の内容、実施方法等契約条件の変更を行う必要があると判断した場合は、乙と協議の上、変更することができる。この場合、委託業務の内容、実施方法、報酬等について乙と協議の上、新たに契約を締結し直すものとする。

(補修及び損害賠償)
第7条　甲は、成果物が一定の納品水準に達していないと判断した場合は、乙にその補修を求めることができる。
2．甲又は乙の責めに帰すべき事由により契約書に定めた内容が守られず、甲又は乙が重大な損害を受けた場合は、直接かつ現実に受けた通常損害の範囲内において、相手方に損害賠償を請求できるものとする。
3．本条に基づく損害賠償の額は、甲乙協議の上、決定するものとする。

(第三者委託)
第8条　乙は、原則として本件業務の全部又は一部について第三者に委託してはならない。ただし、委託の必要があると乙が判断した場合には、甲の許可を得て委託することができる。

（秘密保持）
第９条　甲は、乙に関する個人情報を取り扱うに当たっては、乙の同意を得た利用目的の達成に必要な範囲内で取り扱うものとする。
２．乙は、本件業務の履行にあたって知り得た個人情報を取り扱うに当たっては、当該個人情報を適切に取り扱わなければならない。

（協議事項）
第10条　本契約に定めのない事項又は本契約の内容等に疑義が生じた場合には、その都度、関係法令等を踏まえ、誠意をもって甲乙協議の上、取り決めるものとする。

この契約の成立の証として、本契約書を２通作成し、甲乙各１通を保有するものとする。

△△年△月△日
甲　住所：
社名：株式会社□□　　代表者名□□□□　　印
乙　住所：
氏名：◇◇◇◇　　印

ジョブ型とメンバーシップ型とは

この横文字も最近よく聞くところだ。ジョブ型とは仕事の内容を明確に定めたうえで雇用するものであり、とくに欧米企業では多く見受けられる方式となる。これに対してメンバーシップ型雇用は、個々の人を中心にとらえたうえでこれに適応した仕事を与えていくもので、日本の企業特有な方式ということになる。

マスコミなどでは、某企業はこれまでメンバーシップ型であったのが、人事賃金制度の改定を行って、ある時からジョブ型へと切り替えたとの言い方がよくなされている。

このような紋切型の表現だと誤ってしまいかねない。私自身、人事評価研修などでは「『協調性：チームワーク』がこれまで以上に問われる」などの解説を都度行っているが、このことは今でも間違ってはいないと思う。あえていうと、日本の多くの企業において今後はよりジョブ型人事の方へシフトしていく必要があるというところになるだろうか。ただし、これも階層や職種によっても大きく異なってくることも押さえておかなくてはいけないことである。ジョブ型だからといって、大学を出て入社早々に無理に賃金に差をつけることがベストな選択ともいえない。

もう１点挙げると、ジョブ型は能力（主義）型とも異なることだ。能力主義とは、ジョブ（仕事）というよりもまずは人の方に焦点を当て、ひいては能力開発の方に重点を置いた考え方を一般的に言っている。

確かに一目でみて年功的な賃金を運用している企業を今でも見かけるが、その多くに問題があることは確かだろう。実務を重視した人事コンサルタントが結論めいたことを言うとなれば、メンバーシップもジョブも双方とも大事であり、企業の目指す方向と従業員の意識が時代にマッチしているのか、制度のみならずその運用が真に問われているということになろう。

第３編

適応する人事賃金制度

第1章

職務（役割）評価

職務（役割）評価とは？

高年齢者雇用を進めていくにあたり、職務評価は欠かせなくなってくると言えるでしょう。職務評価は、個々の人（社員）を対象に行う人事評価（人事考課）とは異なり、会社の仕事そのものに焦点を当てて客観的にとらえ、分析し、当仕事の付加価値まで表わしたもので、“役割評価”とも言われています。また賃金制度において職務給（役割給）を導入する場合には、職務（役割）評価が避けて通れないといってもよいでしょう。

定年後の再雇用を採る場合には、同一労働同一賃金対策を意識せざるを得ませんが、人“ヒト”基準から仕事基準への転化という大きな転換期のなかで、職務給（役割給）を導入しない場合であったとしても、これからはその会社独自の職務評価が避けられなくなってきているといってよいでしょう。

2 職務評価項目の洗い出し

1. 管理職層の評価項目

人ではなく、担当する職務、仕事の方から評価を行う職務評価は、これまで日本であまりなじみがありませんでした。戦後アメリカの影響を受けて、職務給を導入しようとした時期がありましたが、うまくいきませんでした。というのも日本では、仕事を人とは切り離してとらえることが難しい風土であったからだといえます。

このことを踏まえ、わかりやすく管理職層からベンチマーク方式でみてみましょう。管理職層は、多くの企業でM（マネジメントの略となります）クラスと呼んでいます。

このMクラスのなかでも「課長」の仕事をとらえるとどうなるでしょうか？

a まず担当する**「仕事の責任と権限の大きさ」**をとらえます。

これを細かく見ると、５つに分かれます。１つは担当部署の部下の人数です。部下が多い方が少ないよりも責任が重いということはきわめて常識です。さらに部下の人数が同じであっても、部下に要求される専門性によっても異なるというところに注目していきます。例えば部下全員が短期のアルバイトであるよりも、より高いレベルの専門職集団の方が、マネジメントが難しくなるということです。３つ目は担当部署の予算規模です。予算規模が大きければ求められる責任と権限は必然的に大きくなります。４つ目は、担当する施設や設備の規模です。これはライン長として責任と権限が及ぶ範囲を意味します。５つ目は、クレームやトラブルが発生した時などに求められる責任です。解決に至るまでのプロセスの困難度と見ることもできます。

以上、これらは経営資源（ヒト、モノ、カネ）からとらえたものです。

bは、**「業績貢献期待度」**です。

現時点での会社業績への貢献度がどのくらいであるかを評価します。

cは、**「新規開発の期待度」**です。会社として、将来に向けての戦略的期待をとらえるものです。**b**の裏返しとみることもでき、担当の事業部門の将来のチャレンジ性や市場の伸びの期待などを評価して決定します。

dは、**「役割の難易度」**を評価します。担当する仕事に要求される能力はどのくらいのレベルか、公的資格など専門知識や技術が客観的にみてどの程度が必要とされるのか、またはそのポストが不在などの場合、代わりの人材を外部から募集するとした場合の困難度などについて評価を行います。

eは、**「精神的及び肉体的な負担度」**です。具体的には渉外を専ら行う営業職など外回りにかかる負担や休日出勤や深夜勤務に至る頻度や、自宅にいてもスマホを身から離せず、いつ呼び出しがあるかわからないなど肉体的及び精神的な負担度からみます。

以上一般的なものからみていきましたが、これ以外の項目としては、会社ごとに必要と思われる指標（ものさし）を考えます。

● 図表3 - 1

<table>
<tr><td colspan="2">a：責任と権限の大きさ</td><td rowspan="6">扱う経済資源（ヒト・モノ・カネ）を評価するもの（部下の人数・担当の施設や設備・扱う予算額などからの評価）</td></tr>
<tr><td rowspan="5"></td><td>・部下の人数</td></tr>
<tr><td>・部下の専門的レベル</td></tr>
<tr><td>・担当の予算規模</td></tr>
<tr><td>・施設や設備の規模（責任範囲）</td></tr>
<tr><td>・トラブルが発生した時の責任度</td></tr>
<tr><td colspan="2">b：現行業績貢献期待度</td><td>現時点での会社への業績貢献度</td></tr>
<tr><td colspan="2">c：新規開発期待度</td><td>bの裏返しになるもので、将来の業績貢献期待度（チャレンジ性・市場伸張性）</td></tr>
<tr><td colspan="2">d：役割難易度</td><td>要求される能力レベル、公的資格など専門知識や技術、代替人材の希少性など</td></tr>
<tr><td colspan="2">e：精神的肉体的負担度</td><td>交際や外回りに要する負担、時間外・休日・深夜、呼び出しなどの負担度</td></tr>
</table>

2. 一般社員層の評価項目

●図表３－２　職務評価基準表例（全職掌 / Ｊクラス）

項目	段階 C	
Jクラス		
基本的な業務形態	比較的単純で定型化されている仕事を担当している	
担当業務についての必要経験年数	それほど必要とはされない仕事を中心に担当している	
関連する業務の経験	関連業務まではそれほど必要とはされない仕事を中心に担当している	
業務に求められる知識	担当する仕事は一般的な技能でも可能といえる	
業務に求められる技能（スキル）	経験がなくても健康であれば可能な仕事を中心に担当している	
研修会や講習会への参加の必要性	担当する仕事においてとくに挙げられるものは見当たらない	
業務に求められる量	担当する仕事においてはそれほど数や量が求められることはない	
" 業務に求められる速さ（一定時間内での迅速性）"	担当する仕事においてはそれほど速さが求められることはない	
業務に求められる質的見地	担当する仕事は社内業務マニュアルで求められる～の程度	
外部へ求められる説明責任	担当する仕事の多くがそれほど問われることはない	
必要なコミュニケーション能力	担当する仕事においては基本的な報告・連絡・相談が求められる	
求められる工夫、企画などのセンス	担当する仕事においてはとくに工夫や企画などのセンスまでは問われない	
業務を遂行するうえでのチェック状況	担当する仕事においては上司や上級者などが行う	
ミスが起きた場合の対処	担当する仕事において上司や上級者にまずは報告して具体的な指示を仰ぐ	
イレギュラー時の対応	担当する仕事においては、自らではなく、上司や上級者などが行う	
トラブルが起きたときの対応	担当する仕事において上司や上級者にまずは報告して具体的な指示を仰ぐ	
精神的な負担	どちらかというと負担の少ない仕事が中心となる	
身体的な負担	比較的、軽作業が中心の仕事を担当している	
災害にあう危険性	担当する仕事においては通常的にはまず考えられない	
専門業務としての見地	ひととおりの業務を担当している	
例外的業務の発生状況	担当する仕事において例外的なケースでの対応までは想定していない	

※ 以下は、担当する（中心となる、主たる）仕事から客観的にとらえてみるものです。
※ 対象とならない項目はニュートラル（中立）としてカウントしません。

	標準；段階 B	段階 A
	複数の業務にまたがる仕事を担当している	複数の業務にまたがり、しかも同時に、またそれぞれが応用レベルまで求められる仕事を担当している
	最低でも２年以上の経験を必要とする仕事を中心に担当している	4, 5年以上の経験を必要とする仕事を中心に担当している
	複数の業務を経験していることが望ましい仕事を中心に担当している	複数の業務を経験しないとこなせないレベルの仕事を中心に担当している
	等級定義書のＪクラスにほぼ該当する	等級定義書のＳクラス以上に該当する
	等級定義書のＪクラスに対応する仕事を中心に担当している	等級定義書のＳクラス以上に対応する仕事を中心に担当している
	一定の研鑽を積まないと担当できない仕事がある	変化に対応していくために研鑽を積まないと着いていけない仕事を担当している
	担当する仕事において（個数や案件として）、標準的にこなすことが求められる	担当する仕事において（個数や案件として）、標準よりも多くこなすことが必然的に求められている
	Ｊクラスとして的確な速さで進めていくことが求められる仕事が中心となる	相当迅速に進めていくことが常に求められる仕事が中心となっている
	担当する仕事は主としてＪクラスに相当する精度で、具体的には～	担当する仕事は対外的にみても相当の精度が要求され、具体的には～
	場合によっては関連会社や取引先の上位職、専門職に対して行う必要がある	場合によって所管の役所や他社の管理職に対して行う必要がある
	Ｊクラスとしてふさわしいコミュニケーション能力が問われる	対外的にも高いコミュニケーション応用力が問われる
	ときに工夫や斬新さが問われる	前提として特別なオリジナリティまで問われる
	本人自らが行うことが求められる	本人自らが行う一方で、後輩の業務のチェックまでも求められる
	手続き、要領マニュアルに則った対応が求められる	経験をもとにマニュアルに則ったきめの細かい対応が求められる
	本人自らが一次的な対応を行うことが求められる	本人自らが行う一方で、ときに後輩や関係者も含めた幅広い対応が求められる
	問題を未然に防止し、また発生した際にはより大きくしないように的確な報告・連絡・相談が求められる	相当問題になるので経験に裏付けられた慎重さが前提となる
	一般的なストレスがある	相当なストレスを余儀なくされる
	肉体的にみてときに疲労することもある	肉体的にみて相当に疲労が大きい仕事
	ときに災害発生の緊張を迫られるときがある	常に緊張感を持って業務を行わないとリスクが大きい
	Ｊクラスに求められるレベルの専門的業務が求められる	競合他社から引き抜きにあう程度の専門的な業務をこなしている。
	ときには例外的なケースでの対応もある	きわめて例外的なケースでの対応が常に求められる

次に非管理職である一般社員層はどのようにとらえていけばよいでしょうか？ 職務に求められる経験が浅い層からみていきましょう。これを一般的なＪクラス（ジュニアの略）からみていきましょう。

◎ **基本的な業務形態** … 担当する仕事の基本となる形態はどうであるのかをまず押さえます。

◎ **経験年数** … 直接担当する業務に求められる経験年数と、これに広く関連する業務の経験年数をとらえます。

◎ **知識・技能** … 知識とは例えば、法規など活字を読んだり、耳を通して新たな情報を得るなど、頭から入ってくるものです。これに対して技能は英語でいうとスキルとなります。体得する（マスターする）ものです。これに関連してなかには公的資格などが求められるものもあります。例えば経理業務であれば、簿記２級程度か３級程度かなどが挙げられます。資格については必須のものや、あった方がより望ましいものまでさまざまです。

　これらについて、より細かく設定しようとすれば、別途「等級基準書等」に委ねることにもなります。関連して、研修会（セミナー）や講習会の参加が必要なものもあり、これを洗い出します。

◎ **量** … 担当する仕事について前提として求められる量的なものを指します。流れ作業などで必然的に量的見地から避けられないものが挙げられます。この量的な見方は一定の時間から区切ってとらえれば、「速さ（スピード）」ということに言い換えることもできます。

◎ **質** … 量の一方で、量的な見方とセットになるのが質的見方になります。速ければそれでよしという仕事は少なく、だいたいが質を伴ってとらえられます。この質的基準については、業務マニュアルなどで詳しく記述がされているものもあります。この量か質かこれは掛け算（面積）で決まるものといってもよいでしょう。量は業務によっては量よりも質的面（精度）が高く求められるものもあります。

◎ **外部に求める説明責任** … 社外の取引先などから問い合わせがあったときにどこまで（範囲）、どの程度（奥の深さ）が求められるのかということです。

◎ **コミュニケーション能力** … 報告、連絡、相談のための基本的な能力を指すところから始まり、相手に対して好感度が求められるかどうかまで問われるなど、多種多様な対人関係の在り方を指します。

◎ **工夫・企画のセンス** … 個性または独自性が問われるものです。

◎ **チェック状況** … 業務の単位からみて、事実上の責任ある立場として誰がチェックするかということになります。業務によっては担当者自らが行うこともあり、また先輩や経験者、役付者、別の部署の例えば検査や品質管理に関わる部署の担当者が行うこともあります。

◎ **ミスが起きた場合の対処** … 業務にミスはつきものともいえます。もちろん大きなミスを起こしてはいけませんが、一次対応としてどこまで求められるかは重要な押さえどころになります。

◎ **イレギュラー時の対応** … 多くの業務では、通常とはいえない状況も想定してマニュアルなどが作成されていますが、想定外の状況が発生した際にどこまで責任が問われるかというとらえ方になります。

◎ **トラブルが起きたときの対応** … ただちに上司や上級者などに報告、連絡を行うのはもちろんですが、これを超える対応まで求められる場合にはこれが活きてきます。

◎ **精神的な負担** … 例えば顧客のクレーム担当などはストレス耐性（タフネス）が要求されることになります。また、仕事の種類や難易度に影響されることも多く、定型的なルーティンな仕事ではそれほど大きくはなく、状況対応型の応用業務では高くなります。本人の性格特性なども影響しますが、希少性や代替性を考えると高くなります。

◎ **身体的な負担** … 業務によっては過酷な環境下で遂行しなくてはなりません。ただし、暑い、寒い、湿気が多い、高所であるなどの状況であれば一般的には職務手当などで報いることが行われています。

◎ **災害に遭う危険性** … 危険な環境下で常に緊張を迫られ、場合によっては怪我をする可能性がある業務などですが、これについては手当でカバーする場合も多いです。

◎ **専門業務** … 全体をとらえての判断になります。このクラスで専門とは言い難い場合もありますが、会社として期待される業務の専門度について分野ごとに洗い出して整理しておく必要があります。

◎ **例外的業務の発生状況** … 新規の業務のウエイトが高いなどという業務もなかには見受けられます。

3. 中堅層の評価項目

●図表３－３　職務評価基準表例（全職掌／Sクラス）

項目	段階C	
Sクラス		
求められる成果は	担当する仕事において時間内に誠実に勤務することがベースとなっている	
工夫、企画など求められる業務センスは	担当する仕事において特筆するものはとくにない	
後輩・後進への教育、指導は	担当する仕事においてあらかじめ求められているものではない	
自らの指示によって活用する人数	担当する仕事において直接的にはない	
扱う予算	担当する仕事において予算という認識はあまりない	
扱う設備・機器の規模	担当する仕事においてとくに大がかりなものであるとはいえない	
代替性	担当する仕事においてとくに代替性まで意識されることは少ない	
精神的・肉体的な負担度	担当する仕事においては一般的なものといえる	
新規性	担当する仕事において、とくに新規性が意識されることは少ない	
裁量度	担当する仕事においてとくに裁量度が大きいとはいえない	
対人関係	担当する仕事においてはSクラスで求められている一般的な関係の維持が期待されている	
経営の影響度	担当する仕事において一般的に求められている程度の影響がある	
信頼度	担当する仕事においては関係者との信頼を築くことが求められる	
業績への貢献期待度	担当する仕事において、一担当者としての業績期待がかかっている	
所定時間内勤務状況	予測される繁忙期などは除き、通常は所定時間内に終わる仕事を中心に担当している	

標準；段階 B	段階 A
期待される成果が設定されており、達成が期待されている	期待される成果が明確に設定されており、その達成が厳格に求められる
ときに個性や独自性が求められる	前提として個性や独自性が強く問われる
必要なときに期待される	基本的な役割として管理職並みに期待されている
限定的ながら関与する （指揮をとることも求められる）	協力会社も含めて常に相当の人数にのぼる
標準的な予算を扱っている	管理職並みの大がかりな予算を扱っている
担当のなかでは標準的な設備・機器を担当している	管理職並みの大がかりな設備・機器を扱う仕事を主として担当する
同じ仕事を担当できる者はまだ少ない	同じ仕事を担当できる者は現在はなく、また考えられない
想定される負担を強いられる	前提としてかなりの負担を恒常的に強いられることになる
ときに新規性が求められる	これまでの経験の延長ではない新規性が大いに求められる
標準的な裁量度を持たされている	管理職に匹敵するくらいの裁量度を持たされている
対外的な折衝力も期待されている	社内外に対して複雑できわめて高度な折衝力が期待されている
何らかの経営への影響度がある	管理職並みの経営への影響度がある
関係者に対して信頼がないと実行できない	仕事に広く関係する人からの絶大な信頼がないとことが運ばない
会社業績への期待がかかっている	会社業績への期待が管理職並みに大きくかかっている
ときにあるが、一般的に予想される程度である	所定時間内という状況が前提とならないくらいに想定外・突発事項が常にあり、対応に追われる

管理職層と初級職層の中間に位置するS（シニアの略となります）クラスではどうみればよいでしょうか？以下に挙げてみましょう。

◎**求められる成果**… 結果そのものであり、目標管理制度を導入する場合には、数値化した期末の目標の大きさをとらえます。

◎**工夫、企画など求められる業務センス**… 個性（オリジナリティ）または独自性（独創性）が問われる程度をとらえます。例えば美的感覚や独特のセンスまで要求される場合などはより重視されることになります。

◎**後輩・後進への教育、指導**… Sクラスともなれば、組織の縦の関係が明確に構成されるなかで管理職ではなくても職務上後輩などに日常的な業務指導や教育まで期待されてきますが、この程度をとらえるものです。

◎**自らの指示によって活用する人数**… 管理職でなくても日々の業務において事実上の指示、指揮が期待される場合における量的な面をとらえます。

◎**扱う予算**… 実質的に担当する職務に求められる予算額の大きさをとらえます。

◎**扱う設備・機器の規模**… 実質的に担当するモノの価値の大きさから判断します。おおがかりな専門的な設備を任される場合などはより高くなります。

◎**代替性**… 担当者が不在になった場合、代わりの人材を社内で配置替えによって探す場合の難しさについての評価を行います。

◎**新規性**… 環境の変化を考慮し、常に新たな情報を得て時代の先取りが求められる職務などを中心にとらえます。

◎**裁量度**… 専門性、希少性などの裏打ちもあって事実上の裁量の度合いをとらえます。

◎**対人関係**… とくに対外的な業務を中心に問われる交渉力をとらえます。

◎**経営の影響度**… 状況次第では会社経営にまで直結するくらいなど、事実上の影響度をとらえるものです。

◎**信頼度**… 仕事の特性からして、社内外からの人脈から信頼を持って維持される要求の程度をとらえます。

◎ **業績への貢献期待度** … いわゆる"金のなる木"などの言い方もされますが、会社や所属部門への業績が現実的にどの程度期待されているかをとらえるものです。

◎ **所定時間外勤務状況** … 仕事の特性からして、どうしても不規則になりがちな場合など、その程度をとらえるものです。

以上、対象者全てに上記項目が全てあてはまるわけではありません。人ではなく担当する仕事の方に注目して、この業務をこなすためには能力と経験が必要であり、従って1時間当たりの賃金が高くて当然だと認められることになります。

いわば、仕事に値札をつける、価値踏みを行うことにも結びつくものとなり、今まで経験しなかった困難なステップになることの覚悟が求められるところです。

実際に個々にあてはめて評価を行っていく際には、直接、対象とはならない項目があれば"ニュートラル（中立)"としてとらえます。

実際の移行導入のときは悩むところですが、会社と社員が共有できることを第一とします。これは不可能なことではありません。

以上、導入した後にもより詳細にさらに精緻なものを目指していくステップが重要となり、まずは徐々にでも根付かせていこうという姿勢が求められます。

評価段階の設定

1. 段階設定にあたっての基本

次に行うのは評価の段階をいくつに設定するかです。一般的には段階を、ＡＢＣなどのアルファベットなど記号で表します。これを“評語”といいます。

一般的には、真ん中のＢ（標準；基準値）とし、これを明らかに上回るのをＡとし、明らかに下回るのをＣとします。ちなみに日本の企業の人事考課でもっとも多いのが絶対評価の５段階です。この場合、Ａ（上方考課）をさらに２段階にわけてスーパーＡをＳ、Ｃを２段階に区分してより問題が大きいのをＤとします。さらに７段階評価はＢをさらに２段階Ｂ＋、Ｂ－と区分するものです。このように３段階の設定が基本になります。

ちなみに３段階の設定にあたっては、明らかに上回るものをＡ、下回るものをＣ、残りのＡとＣにあてはまらないものが基本Ｂ（標準）とすると整理がしやすくなります。段階がより多くの区分設定が必要な場合には、３→５→７と奇数の区分によって段階を増やしていくとまとめやすくなります（下図参照）。

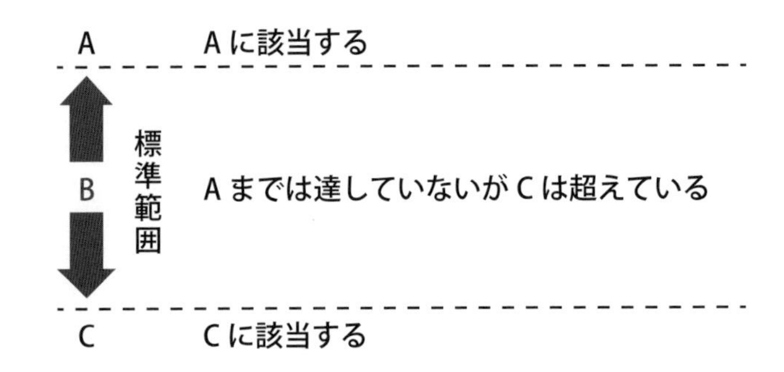

評価段階から点数化へ

1. 点数設定の基本

次に点数化です。注意しなくてはならないのは、点数化はあくまでも便法にしか過ぎないということです。私たちは小学生の頃から点数化になじんできましたが、あえていえば必要だからやむを得ず設定せざるを得ないものだとみてください。

ＢとＡにこれに点数を対応させます。考えてみるとＢが１点とする一方でＡが２点、すなわちＡがＢの２倍の価値が果たしてあるかどうかということを簡単に決めつけられるものでは決してありません。実際には、ＡとＢの違いは２割くらいかもしれないし、何倍も異なるかもしれないということになります。従って、会社で評価する際のあいまいに流されがちな“付加価値”とは何を判断すべきなのかを常に問う姿勢が求められる段階といえます。

単純にみれば、１, ２, ３点とすることがまず考えられるところですが、例えば、１, ２, ４点や１, ３, ５点など上方の点数を高くする、下方を抑えることも考えられます。すなわちプラス面を強調するとらえ方もありです。

いずれにせよ、会社が責任をもって決定しなくてはならないところです。労働組合や従業員に相談して決めるものではありません。マネジメントのもっとも重要な専決事項であり、考え抜いたうえで決定しなくてはならないところです。ただし、決めたことは対象者へきちんと説明のうえ、できるだけ納得がいくような配慮が求められることはいうまでもありません。

点数化にあたって、どうしても悩む場合には、その項目については点数を設定しない方法もあります。これについては、総合点を出すときに“加点”で対応することになります。60点＋(～の事由でさらにプラスと考慮する)といった表記になります。総合点数を算出して、全てがクリアしたと錯覚するよりも、的を得たやり方だといえるでしょう。

また、実際の評価にあたって注意しなければならないのは、比較して差をつけることはレッテルを貼ることになり得るということです。社内の職務（職位、ポスト、仕事など）を比較するということは、一方的なレッテル貼り、決めつけにつながる可能性があるので進めていく上では細心の注意が必要です。一方で、日本の会社ではヒトに重点を置くあまり、大事なことが抜けてはこなかったでしょうか？長年の反省点でもあります。

2. ウエイト付け（配点）

ウエイト付け、すなわち階層、職掌ごとに担当職務を100%（100点満点）としてみた場合における、評価要素ごとの構成比率となります。全てがフラット（同じウエイト）ということはありえません。これも悩ましい判断になります。とくに日本の雇用風土ではこれまでの慣例、習慣、前任者からの何となくの引継ぎ、上司と部下の阿吽の呼吸などで業務が進められてきた経験からすれば、ピンとこないところかもしれません。あいまいで無難であったところが、“寝た子を起こす”ことにもなるきっかけにもなる新たな判断になります。いずれにしても会社が全責任をもって決定し伝えなくてはなりません。

【参考例】管理職の点数比較表例

以下は、管理職（課長クラス）についてベンチマーク方式で実際に職務評価を行った事例です。

●図表3 - 4

【課長クラスの職務（役割）評価の実施例（ベンチマーク方式による）】

例）課長レベル

⇒ 本来は、人ではなく担当職務面をみて評価するものですが、難しい場合は、人から職務へと焦点を移してとらえる方法もあるかと思います。

<table>
<tr><td colspan="2" rowspan="3">役割評価のための指標（項目）</td><td>部門</td><td colspan="3">東関東事業部</td></tr>
<tr><td>ポスト</td><td rowspan="2">製造
1課
課長</td><td rowspan="2">東関東
営業課
課長</td><td rowspan="2">企画課
課長</td></tr>
<tr><td>ウエイト</td></tr>
<tr><td rowspan="5">a：
責任と
権限の
大きさ</td><td>・（担当部署の）人数</td><td>14%</td><td>4</td><td>3</td><td>2</td></tr>
<tr><td>・（担当部署の）部下の求められる専門的レベル</td><td>12%</td><td>2</td><td>3</td><td>4</td></tr>
<tr><td>・担当部署の予算規模</td><td>14%</td><td>4</td><td>4</td><td>3</td></tr>
<tr><td>・所管の施設や設備の規模
（責任の及ぶ範囲）</td><td>12%</td><td>4</td><td>2</td><td>2</td></tr>
<tr><td>・クレームやトラブルが発生した時に問われる責任の度合い（解決までの困難度）</td><td>12%</td><td>4</td><td>4</td><td>3</td></tr>
<tr><td colspan="2">b：現行の業績貢献の期待度</td><td>10%</td><td>3</td><td>4</td><td>3</td></tr>
<tr><td colspan="2">c：新規事業開発への期待度
（将来に向けての戦略的期待）</td><td>10%</td><td>3</td><td>4</td><td>5</td></tr>
<tr><td colspan="2">d：役割そのものの難易度
（代替の困難性）</td><td>8%</td><td>3</td><td>4</td><td>5</td></tr>
<tr><td colspan="2">e：精神的及び肉体的にみた
負担の大きさ</td><td>8%</td><td>3</td><td>5</td><td>4</td></tr>
<tr><td colspan="2">合計点</td><td>100%</td><td>3.4</td><td>3.6</td><td>3.3</td></tr>
</table>

職務（役割）評価の段階	**評語**	**点数**
きわだって大きい	**S**	**5**
やや大きい	**A**	**4**
同役職位からみると 標準（平均）的なものといってよい	**B**	**3**
やや小さい	**C**	**2**
さらに小さい	**D**	**1**

⇒ 基準となるポストをおいて、相対的にとらえます

ジョブディスクリプション（職務記述書）

職務評価を踏まえて、個別に契約書形式で提示するのが「ジョブディスクリプション」です。これはそれぞれの従業員の職務内容の詳細を文書で掲示したものです。欧米では、人事マネジメントの前提として重視されています。

日本の企業ではこれまであまりなじみがありませんでしたが、職務基準の人事制度を目指していくうえで関心が高まってきています。

※ 以下は統括（ライン）課長を例とした本格的な記述となっていますが、導入当初は●の項目ごとにより簡易なものでもかまいません。

製造課長の職務記述書（例）

●職位名

製造部第一課統括課長

●勤務地（事業所）

○○市○○工場

●勤務形態

当社就業規則に基づく。（深夜勤務のシフトに入ることは前提としない）

●賃金・処遇

当社M－Ⅰ等級・役割レベル７準拠

●基本的役割

・工場長の指示のもとに課員を統括し、加工作業、故障機械の修理作業を行うことにより、工場長を補佐することを役割任務とする。

・会社及び製造部門方針を十分に認識し、生産計画を設定し、責任

権限の範囲内で経営資源を効率的に統合化させ、年度生産目標の達成に向けて自ら率先し、統括する役割を担い～

●職務内容

○ 製造第一課長は、会社の規定及び承認された計画に従って、以下の職務遂行について責任を持ち、その遂行にあたっての権限をあわせ持つ

・年間生産計画立案に関する職務
・作業計画に関する職務
・作業準備に関する職務
・作業実施に関する職務
・機械設備管理、保全に関する職務
・工程及び作業改善に関する職務
・製造技術指導に関する職務

●適正要員

・◆クラス□名／◆クラス□ 名／パート・アルバイト□名／派遣社員□名

●年間予算〔内人件費〕　・△△△△△△ 千円〔△△△△△千円〕

●指揮命令系統及び関連部署

組織図より抜粋

●目標設定にあたっての諸課題

・所属要員の増員を前提とせずに当年度目標に沿ったコストの削減を図り～
・目に見える（客観的な数字に基づく）形での生産性のレベルアップを～
・製造目標に沿った作業標準の企画立案について～
・検査課との関連性を高め、関連部門の二ーズに応えるために～
・班長相当社員の育成を図るために～

●知識・資格・経験

公的資格はとくに問わないが、当社製造業務に関する班長・主任クラスの経験が望まれる。知識面は以下のとおり。

・～に関する法令・社内諸制度に関する実践的知識
・～に関する情報収集能力
・リーダーシップ能力（職場の活性化・動機づけるための能力）
・マネジメント力（多能化を前提として部下に複数の職務を遂行させるために統率し育成する能力、労務管理に関する知識・能力、課の課題の優先順位を判断する能力）
・分析力（競合他社状況などの外部環境を分析し、とりまとめる能力）
・企画力（製造技術について現場ならではの立場から提案する能力）

第2章

高年齢者雇用に向けた賃金制度

高年齢者雇用時代の賃金の考え方

個々人によって違いはありますが、一般的には50歳も半ばくらいになれば子供も成長して扶養家族からは離れ、住宅ローンも完済しているなど生活給として求められるウエイトは低くなってきます。このこともあって、高齢者の賃金制度は、会社ごとに賃金に対する考え方（賃金政策ポリシー）に応じた自由で大胆な設計が可能になってきます。

このことを踏まえ、高年齢化時代の賃金制度を一言でいえば、役割とその成果が核になってくると言えます。すなわち、担当する役割（仕事の大きさ、範囲と職務上の責任の重さ）の価値に焦点を当て、さらにその結果としての業績も含めて、合理的に組み立てて運用していくことになります。例えば、組織の長（ライン統括職）は実際に重責を担っているので、いわゆる専任職（スタッフ職）よりも高く設定した賃金が適当であるといえるでしょう。あえていうならば、専任職とは何かということにもメスを入れていかざるを得ないともいえます。

また、この再編成に伴い、生涯賃金の観点からすれば定年前の50歳代前からの賃金体系の見直しが避けては通れないといってよいでしょう。すなわち、60歳までは定期昇給制度などにより高くなっていたとしても、再雇用の際に大きくカットすればよいというわけにはいかなくなってきており、定年延長か、それとも定年後の再雇用であろうが、継続的に対応できる合理的な賃金制度に変えていく必要があるということです。

なお、とくに中小企業では、これまでは「在職老齢年金」や「高年齢雇用継続給付金」を考慮し、会社が支払う賃金を合算して本人の受取額をシミュレーションしたうえで決定する方法が多くとられてきました。またなかには、定年年齢の60歳を超えても60歳前と同じ仕事、職責を期待する場合もありうるわけで、この場合には本来の賃金の決め方とはかい離することにもなりかねないので注意が必要です。

一方、高年齢社員にとって、仕事の動機付けとなる要因を考えた場合、賃金は必ずしも大きなインパクトにはならないということも押さえるべきポイントとなります。例えば、健康管理を重要な課題として定期的に体力テストを行ったり、人間ドック料金を補填したり、スポーツクラブの補助など、労務管理や福利厚生制度なども含めた総合的な処遇政策を再設計することについても工夫の余地があります。

これからの賃金体系

では、今後の賃金管理はどういう姿になるのでしょうか。

以下に、“脱年功から職務基準へ”をキーワードとして、70歳雇用、さらには定年廃止（エイジレス）まで視野に入れたこれからの賃金を考えてみたいと思います。ただし、大きな痛みを伴うハードランディング改革ではなく状況を見ながらのソフトランディング改革であることにご留意願います。目指すところは集団主義のための賃金制度というよりも“個別（に決定される）賃金”ということになるかと思います。

これにあたっては、まずは人事のフレームワークにおいて、縦と横に区分して考える必要があります。

1. 階層による区分

① 能力開発段階（J及びSクラス）

能力開発段階とは、新入社員から始まって自分の担当の仕事を確立し、ベテランの域に達するサラリーマン人生の前半層といえます。管理職や管理職相当の専門職に至る前段階にあたり、あえて年齢でいうと30代半ばまでをさします。

この段階では、定期昇給制度は今後とも重要であるとみるべきです。ただし、従来のような、年齢や勤続など年功給による自動昇給のウエイトは極力少なくして、本来の能力給を中心にして見直しを図ることが急務だといえるでしょう〔**後述**〕。

② 能力発揮段階（Mクラス及びEクラス※）

※ Eクラスとは、エグゼクティブの略で、役員や執行役員に近い上位管理職層を指しますが、中小企業では広くM：マネジメントクラスに含めてもかまいません。

多くの場合、時間外手当の対象でなくなる正規の管理職や専門職としてのこの段階は、能力は既に開発されたとみて、役割（責任）に応じた人事管理を行うべきです。賃金管理上では、定昇管理はもはや卒業した層とみることができます。ただし、当然ながら生活給レベルからみても一定の水準以上であることが前提条件となります。

このクラスでは､昇給額管理ではなく絶対額管理方式を採用すべきです。絶対額管理とは、支払うべき賃金額が客観的にみて適正かどうか常にコントロールしていく方式ということです。言い換えると、アップのみならずダウンもある柔軟な賃金制度ということになります。すなわち、毎年ほぼ自動的に上がっていくような制度としての定昇（定期昇給）はやめていくべきです。また、賃金の種類としては、担当する役割の価値によって決まる役割給や、成果に応じて決定する業績給のウエイトをかなり高く設定します。その結果、支払い形態としてみれば、年俸制や賞与も含めて１年間の適正年収を設定する年収管理制（準年俸制）を導入することも考えられます。

2. 職種や雇用形態による区分

年齢や経験年数との相関関係が比較的薄い職種も最近は増えてきました。例えば情報産業界におけるクリエーターなどです。この場合、一定の年数が経過すると定昇（定期昇給制度）自体がなじまない職種として、役割と成果に応じた年俸制などにより、若くてもやれば報われる賃金制度とすることが望まれます。

賃金体系全体から見直す

今後の高齢者雇用時代を見据えると、業種や職種、階層さらには個々の社員の選択まで含めた複合型の賃金体系が求められてきます。これに伴い、賃金管理を担う人事企画担当者の責任は重く、客観的で公正な評価制度の運営とあわせてきわめて高度な専門性が要求されてきます。このことを踏まえたうえで、この章では賃金体系全体からの再構築に向けて考えてみましょう。

1. 賃金カーブを描いてみる

賃金設計にあたっては、中長期的な視野で体系としてどうとらえるかが重要になってきます。このことは、会社の懐は1つでしかなく、どのような雇用形態のもとで支払うウエイトをどの時点に置くのかという長期的で多面的な戦略的指向が必要になるということを指しています。

まずは、中長期的雇用を前提とした核となるべき社員（いわゆる「正社員」となります）からみていきましょう。

●図表3-5　賃金体系のイメージ

これからは、階層別に個人の希望に応じられる複合型賃金体系が主流になる

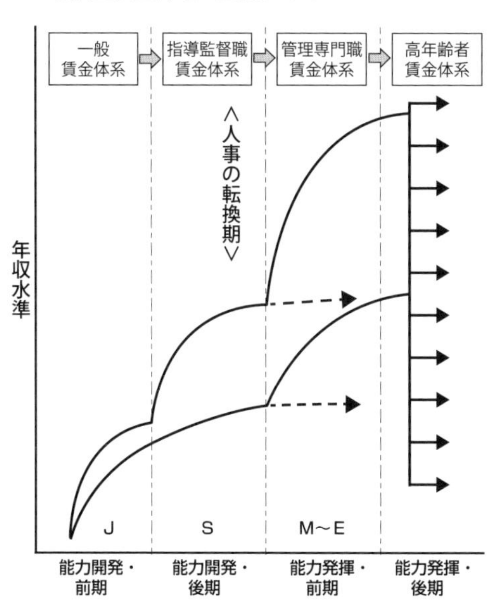

正社員は組織のマネジメントを担う人材であるとともに、広い意味での社内スペシャリストとしてもとらえられてきました。今後は正社員と非正社員との境目は必ずしもはっきりしたものではなくなるといえますが、正社員が人材としての鼎となることは違いありません。この層の従来の年功型の賃金カーブはＳ字カーブだったといえます。いわば超長期的に勤め上げることにより退職金も含めて本（もと）をとるシステムであったわけです。しかしながら、最近では生涯賃金というとらえ方が崩壊し、長くても10年くらいの中期決済型になっていたことによりゆがみが生じてきています。すなわち、これからは５年ないし10年のスパンからみて貢献した度合に応じて社員に還元していくシステムにしていくべきです。

次に重要となるのは、中期的雇用のプロフェッショナル型の高度専門職群です。いわゆるキャリア採用組の即戦力として、高い貢献度を期待するグループとなります。このグループには、年俸制などを取り入れ、いわゆるハイリスクハイリターン型の処遇を前提とします。雇用形態からみても、３年ないし５年の期間での特別契約社員なども含めて選択肢を広くとらえていく必要があります。ただし、これに該当する有期契約の社員については、今回の契約労働法改正の対応も考慮しなくてはならないので注意が必要です。

さらにパートタイマーやアルバイトなどの非正規雇用、派遣社員さらには外部への業務委託が適切かどうか多角的に組み込んで総合的に検討を進めていかなくてはなりません。すなわち、給料、人件費という従来の枠組みを超えた人的配分計画が必要となってきているわけです。一方で企業の社会的責任が年を追って高まってきており、コンプライアンス遵守の観点もこれまで以上に重要になってきています。

以上から、これからの高年齢者雇用時代における賃金の在り方を一言で表すと、いっそう強化される能力主義のもと、新たな人事の方向に沿って能力開発を推し進めるとともに、担当役割に応じて個々の社員の責任範囲内で成果（業績）も反映させていく合理的なシステムということになります。

言い換えると、若くても能力が高い社員には、抜擢人事のもとに賃金も相応に高くなり、高齢で既に高い水準になっている社員については担当する仕事に沿って合理的に反映させるということです。

2. 賃金の３つの要素

次に、賃金を要素ごとにとらえてみましょう。

賃金の３つの基本要素

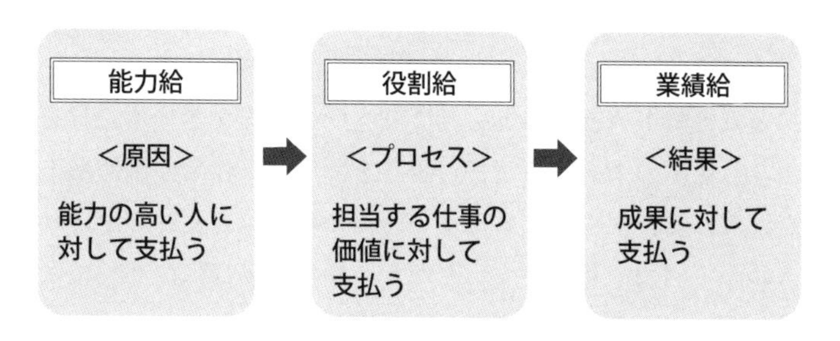

この表を見てわかるように、能力の高さ、及び伸びた長さ（伸長度）を反映した「能力給（いわゆる職能給としての考え方に基づきます)」、担当する仕事の大きさ・職責など職務価値を反映した「役割給」(いわゆる職務給としての考え方)、個々の責任に応じて反映される「業績給」(いわゆる成果給としての考え方)の大きく３つに分けてとらえることができます。

3. 能力給

能力給は、社員の能力（職務遂行能力）の伸長度（伸びの大きさ）を評価し、到達レベルに応じて賃金を決定するものです。一般的には職能給とも言われています。

とくに最初の段階は右肩上がりでアップしていくことになりますが、中堅のＳクラスになれば能力主義のもと、格差が急速に拡大していきます。ただし、能力給の設計と運用には年功的な要素を含んだ穏やかなものから相当のメリハリをつけた実力強化型とかなりの幅があり、企業の実態に応じて独自の設計が要求されることになります。

なお、先ほどの賃金の３つの要素のなかには、年齢給（本人給などとも言われています）などの属人給（個々の社員の属性に対して支給する賃金）は既にありません。その理由は、能力給は属人給と仕事給の中間に位置するともいわれており、能力給のなかには自ずから年功的な要素も含まれているためです。すなわち、今後はよりシンプルな賃金体系を目指すなかで、能力給に年齢給のダブルカウントは必要ないということになります。

4. 役割給

役割給とは、ヒト（社員）というよりもその担当する仕事に目を向けたものであり、仕事の大きさや責任の重さを評価し、仕事の価値が上がればその時点から昇給、ダウンすればその時点から降給、変わらなければ維持というきわめて明快な賃金です。ただし、降給の場合には不利益変更の問題（後述）がでてくるので注意が必要です。

というのも、役割給が変更となるのは昇進発令などがきっかけになることが多いのですが、このような配置異動は会社が一方的に発令するものであるからです。従って、社員への納得性とモラール維持の面での配慮が欠かせません。

5. 業績給

続いて業績給は、どうとらえればよいのでしょうか。

業績給は、全社もしくは対象となる社員グループの業績（結果としての成果）について分析評価し、その業績のなかから対象者に支給すべき原資を決定し、貢献度（寄与度）に応じた一定の配分ルールのもとに分配される賃金です。従ってもっともメリハリがつきやすく、また会社としては実際にあげた業績の一部を社員に還元するというきわめて合理的な賃金です。その特徴としては、都度キャンセルされる（毎期毎期が不連続）ということが挙げられます。役割給は担当する役割（仕事の価値）を評価して決定されるのに対し、業績給はその結果（アウトプット）を評価して決定されものと言えます。従って、仮に結果が良いとしても、前提となる役割が大きくないと業績も大きくはならないという相関関係があります。

6. 年収単位で賃金要素をとらえる

以上、この3つの賃金を各社の実態に応じて年収単位（これとは別個に退職金も組む）でもっとも適した組み合わせによる「複合型賃金体系」として設計することが求められます。また、単に設計で終わるのではなく、階層及び職掌別にその特性に応じた運用を図っていくことになります。

●図表3-6

複合型賃金（年間）のウエイト配分

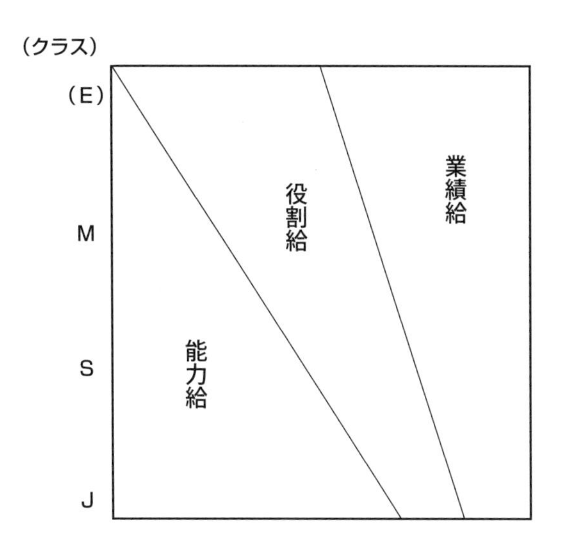

7. 階層別に賃金要素をとらえる

いわゆる長期雇用を前提とした正社員の賃金設計については、階層階をどう区分するかということがこれからは重要になってきます。一般的には、以下のようにとらえます。

① Jクラス

新卒の初任給については、業種や地域ごとの相場がほぼ決まっています。多くの企業では、社会人としての経験がないところから始まり、最初は低くても、毎年の定期昇給によって段々と上がっていく仕組みが今後とも必要です。この段階では、各人の適性や能力を発掘する期間と位置づけられ、あえて格差も大きくはつけないように設計します。

② Sクラス

この段階では、適性と本人の意思も固まってきて、能力格差が明確に表れる段階です。ここでは能力給にウエイトをおいて運用します。ただし、能力主義を強く反映した、実力主義型のこれまで以上にメリハリがつく能力給に変えることがポイントです。

③ Mクラス

これまで培ってきたキャリアの完全発揮が期待される層です。本来は、Mクラスへ昇格になった時点でゼロベース型の改定を行うべきです。すなわち、個々の過去からそれまで引きずってきた賃金額はいったんキャンセルし、Mクラスの初号額に位置付けるということです。その後は大幅なアップが期待できる一方で、ダウンも含め、柔軟で変動的な賃金体系になるように設計します。一般的に年俸制の導入が考えられるのもこのクラスからです。なお、組織の統括責任者たるライン管理職とベテランスタッフとしての専任職、さらに高度専門職の３つに分けて運用していくことも考えなくてはなりません（管理職の複線型賃金制度）。

④ Eクラス

Eクラスはまさに経営幹部であり、なかには執行役員を中心にとらえる企業もあるかと思います。Mクラスの上位と比較して遜色ない水準設定であることは当然にしても、業績給によりウエイトを置いた賃金体系が適合します。いうまでもないことですが、変動の幅もいっそう大きくなるように設計します。

以上のように、上位クラスになるにつれて役割給、業績給のウエイトが高くなっていくように設計します。

4 月例給全体からの再設計

1. まず諸手当を見直すことから

よく勘違いされるところですが、基本給を決めた後に手当を決めるのではありません。賃金設計にあたっては、まず諸手当を決定し、残る原資から基本給を設計するのが正しいやり方です。本来の手当とは、明確な基準のもとに必要な人（対象者）に必要な時（期間）に限定して支給すべきものです。逆説的にいうと、必ずしも明確とはいえないのが、基本給と採用や新賃金制度への移行時などに暫定的に支給される調整給（手当）の2つの給（手当）のみということになります。

今回とくに70歳までの高年齢者の賃金を見直すにあたって、同一労働同一賃金対策を意識した喫緊の課題として見た場合、まず諸手当をどうするかということに行きつきます。すなわち、改正パートタイム・有期雇用労働法を中心とした判例も含めた法的問題ともなります。

なお、基本給の見直しにあたっては、この諸手当を決定したうえで残る原資をもとに、基本給相当分として再設計を進めていくとお伝えしましたが、これにあたっては、基本給も含めた“割直し”※が避けられないとみるべきです。

※ 割り直しとは、現行制度における月例賃金のうち、時間外手当など変動部分を除いた固定部分から、必要な手当を精査したうえで基準額を決めるものです。この場合、原則としてですが、新しい手当を除いた額が新しい基本給相当額となります。これは月々の固定部分を減額しないための不利益変更を避ける措置との見方もできます。

2. 職務関連手当

① **役職手当など** … 役付手当や管理職手当など、職務の大きさや責任の重さを反映しているものであれば同一の基準に基づくものとすべきです。

② **営業・外勤手当** … 職掌（職種）として同じ業務に就いているのであれば同一の基準に基づくものとしなくてはなりません。

③ **特殊作業手当** … 業務の危険度や作業環境により、必要な場合に支給されるものです。これも、同一の業務の場合では同一に支給しなくてはなりません。

④ **特殊勤務手当** … 一般的には役員の運転手や守衛など、専業の主な目的とは異なる特殊な職務に就く場合の手当ですが、上記の特殊作業手当とほぼ同義のものも見受けられます。同一の業務の場合には同一に支給しなくてはなりません。

3. 業績変動手当

① **精皆勤手当** … 同一の業務の場合には同一に支給する必要があります。

4. 所定時間外勤務手当

以下に挙げる手当について、同一の業務の場合には同一に支給する必要があります。

① 時間外、深夜、休日労働の割り増し率、② 交替 / 時差勤務手当、
③ 年末年始手当、④ 宿日直手当、⑤ 呼び出し・待機手当

5. 実費弁済的な意味合いの手当や日当

① **通勤手当** … 特定の従業員（非正規社員など）に限って、募集の条件を通勤費用のかからない近隣の住民を対象とした場合で、しかもその従業員が個人的な理由で転居した場合については必ずしも同じ条件とする必要はありません。しかしながら本来は正社員等と同じ条件で支給するこ

とが望ましいといえます。

② **出張の際の宿泊費・日当** … 明快かつ合理的な理由がなければ、正社員と同一にすべきです。

6. 生活補助手当

最近の傾向として、家族、住宅手当など生活補助手当を採用する企業が減少してきています。これは、賃金は本来仕事に関係することに支給すべきであり、属人的な要因に対して支給すべきではないという考え方が広まってきていることにあります。このことを踏まえて見直しを行う企業もでてきます。

① **食事手当** … 同一の業務の場合には同一に支給する必要があります。（昼食の補てんとして支給されるもので、午前パート、午後パートとして当時間帯にかからない場合には支給する必要はありません。）

② **家族手当（扶養手当）** …「同一労働同一賃金」対策としては解釈が微妙なところが残ります。そもそも定年後の再雇用者には扶養家族がいない者も多く、支給しないとしてもただちに違法とはみなされないかも知れませんが、定年と同時に打ち切りとなると問題がないとはいえないところがあります。

あわせて、家族手当が今後とも必要かどうか検証が求められるところです。外資系企業を始め、女性が活躍している新興の業種、業態などでは廃止または縮小の傾向が明確に表れています。

③ **住宅手当** … いわゆる総合職コースにおいて、例えば、コース全員が当然に全国転勤の対象となるのであればコース以外の社員には支給しなくても違法にはなりません。しかし、例えば実質転勤がない、いわゆる勤務地限定社員に対して支給されるのであれば、非正規社員に対しても必要となるという解釈が成り立ちます。

④ **地域手当・寒冷地手当・燃料手当** … 同一の地域で勤務するのであれば、とくに合理的な説明がつかなければ同一の基準で支給しなくてはなりません。

また、手当の次に問題となってくるのが福利厚生制度です。一般的に転勤者に対しては借り上げ社宅制度などによる経済的援助策が設けられています。定年や再雇用になったとたんに、その理由だけで社宅の恩恵が受けられなくなるとすれば問題となり得るので注意が必要です。

7. その他

① 調整手当

本来、月例賃金における手当は、基準を明確にしたうえで対象者に対象期間のみ限定的に支給するのが本来です。これに対して調整手当は唯一例外ともいえます。

調整手当は、新制度への移行にあたって、基準内賃金の総額が減額となる者に対して、その減額分を調整手当として支給するものです。また、永続的に支給しなくてはならないものではなく、一定の期間をかけて減額調整することが行われています。

調整の方法として、能力給や役割給が昇給となった場合には、原則として昇給額に相当する額を相殺していくことが考えられます。

また、賃金規程には実際に調整手当の運用にあたって、以下のように明文化しておく必要があります。

・△年△月末時点において調整手当の残額があった場合には、同年４月分の賃金より一定分（例；３分の１の額とするが、ただし□万円を限度とする）を毎年消却し、原則として△年△月をもって廃止する。

5 基本給の再設計

1. 基本給の設計方針

これからの基本給は、以下のように階層別に特性を使い分けていくことが求められます

●図表3-7　基本給の設計方針

クラス	基本給の考え方
(E) M	役割給中心
S	(実力型) 能力給　＋　役割給
J	(年功的要素も残る) 能力給中心

これを見てもわかるように、Sクラス以上では基本給については役割給を組み込んでいく必要があります。

2. 役割給の導入

賃金体系を見直すにあたっては、この役割給を適切に導入できるかどうかにかかっているといっても過言ではありません。役割給とは、もともとはアメリカの職務給の考え方をベースに置いたものです。ここでいう職務が、固定的で定型的な繰り返しの仕事を中心にとらえた概念から来ているのに対し、役割は管理職も含めた上位のより広い概念になります。このこともあり、職務給は職務分析のもとに客観性を重視したものであるのに対し、役割給はきわめて日本的で柔軟性あるものとされてきました。

わかりやすくいえば、役割給はより大きな (責任の重い) 仕事を任せることになった社員に、その時からそれに応じた分をより多く支給できるという変動的な性格を持つきわめて合理的かつ明瞭な賃金です。ただし、逆の場合には当然降給となるわけで、このことを考慮すると実際のその運用はかなり難しくなります。その要因の１つに、社員は自分の仕事を選べる機会は少ないということがあげられます。従って、役割給への移行導入にあたっては、納得性、公平性を考慮しつつ、導入当初は小さく、除々にそのウエイトを大きくしていくなどの慎重な配慮と工夫が避けてはとおれません。

●図表３-８

▶ 役割レベル表

<table>
<tr><th>役割
レベル区分</th><th colspan="4">本社</th><th colspan="3">支店・営業所</th></tr>
<tr><td>Ｌ１２</td><td></td><td></td><td></td><td rowspan="3">部長</td><td></td><td></td><td></td></tr>
<tr><td>Ｌ１１</td><td></td><td></td><td></td><td></td><td></td><td></td></tr>
<tr><td>Ｌ１０</td><td></td><td></td><td rowspan="2">室長</td><td></td><td></td><td rowspan="2">支店長</td></tr>
<tr><td>Ｌ９</td><td></td><td></td><td></td><td></td><td></td></tr>
<tr><td>Ｌ８</td><td></td><td rowspan="4">課長</td><td></td><td></td><td></td><td rowspan="4">営業所長</td><td></td></tr>
<tr><td>Ｌ７</td><td></td><td></td><td></td><td></td><td></td></tr>
<tr><td>Ｌ６</td><td></td><td></td><td></td><td></td><td></td></tr>
<tr><td>Ｌ５</td><td></td><td></td><td></td><td></td><td></td></tr>
<tr><td>Ｌ４</td><td rowspan="2">係長</td><td></td><td></td><td></td><td rowspan="2">営業所長
代理</td><td></td><td></td></tr>
<tr><td>Ｌ３</td><td></td><td></td><td></td><td></td><td></td></tr>
<tr><td>Ｌ２</td><td></td><td></td><td></td><td></td><td></td><td></td><td></td></tr>
<tr><td>Ｌ１</td><td></td><td></td><td></td><td></td><td></td><td></td><td></td></tr>
</table>

▶ 役割等級範囲表

	初号	上限	間差額 1400
Ｌ12	208,200	220,800	9
Ｌ11	195,600	208,200	9
Ｌ10	183,000	195,600	9
Ｌ９	170,400	183,000	9
Ｌ８	157,800	170,400	9
Ｌ７	145,200	157,800	9
Ｌ６	132,600	145,200	9
Ｌ５	120,000	132,600	9
Ｌ４	88,200	98,000	7
Ｌ３	78,400	88,200	7
Ｌ２	74,200	78,400	3
Ｌ１	70,000	74,200	3

間差額
12,600
12,600
12,600
12,600
12,600
12,600
12,600
12,600
9,800
9,800
4,200
4,200

▶ 役割給表

役割レベル／号	1	2	3	4	5	6	7	8	9	10
L 12	208,200	209,600	211,000	212,400	213,800	215,200	216,600	218,000	219,400	220,800
L 11	195,600	197,000	198,400	199,800	201,200	202,600	204,000	205,400	206,800	208,200
L 10	183,000	184,400	185,800	187,200	188,600	190,000	191,400	192,800	194,200	195,600
L 9	170,400	171,800	173,200	174,600	176,000	177,400	178,800	180,200	181,600	183,000
L 8	157,800	159,200	160,600	162,000	163,400	164,800	166,200	167,600	169,000	170,400
L 7	145,200	146,600	148,000	149,400	150,800	152,200	153,600	155,000	156,400	157,800
L 6	132,600	134,000	135,400	136,800	138,200	139,600	141,000	142,400	143,800	145,200
L 5	120,000	121,400	122,800	124,200	125,600	127,000	128,400	129,800	131,200	132,600
L 4	88,200	89,600	91,000	92,400	93,800	95,200	96,600	98,000		
L 3	78,400	79,800	81,200	82,600	84,000	85,400	86,800	88,200		
L 2	74,200	75,600	77,000	78,400						
L 1	70,000	71,400	72,800	74,200						

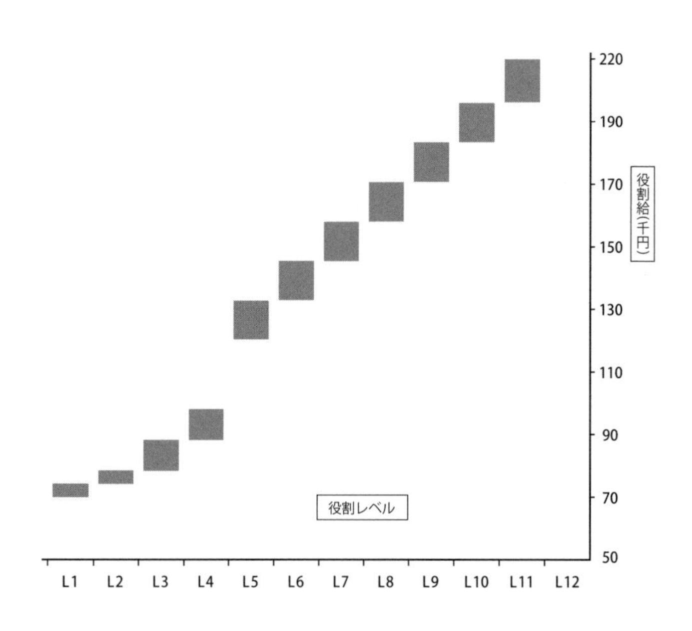

実際の役割給表からみてみましょう。縦の階層については能力を基準にした能力等級制度と、役割を基準とした役割等級制度との混合型という見方もでき、いわばマトリクス人事制度になります。従って、双方のウエイトを当初どの程度とするかを考慮し、徐々に役割等級制度の方へとシフトさせていくことも考えられます。

なお、ここでは、導入当初は縦の能力クラスと役割レベルを一応関連づけて設定しています。ただし、絶対的なものではなく、ゆるやかな相関関係にとどめておくことがコツです。

次に役割レベルを何段階くらい設定するかを検討します。役職者を対象とした役割給については一般論からいえば、数段階～12段階くらいから導入します。すなわち実質的に「意味をもつ（違いのある）」区分とは何かということを考慮して設計するのです。

例えば、営業所長という役職位については、何段階くらいに区分するのが適当かということを考えてみましょう。

営業所長A：人員、取り扱う予算などの規模、会社全体からの位置づけ（いわゆる格）からみても、他の営業所長としてのポストからみても明らかに一線を画すもので、現在全国に3営業所あることは明瞭である。

営業所長B：AとCの中間に位置するもの。

営業所長C：常勤の所員が10名以下くらいの支店に属する地方の営業所長で、本社の係長クラスが新任の所長として赴任する場合が多い。

上記のように社員が比較的理解できるわかりやすい基準から、まずはざっくりと区分してみます。次にこれを全社に拡大して、全てのポスト、役職にあてはめてみます。

役割給はアップもあれば現状維持もあり、さらにダウンまであるという性格のものであり、能力給以上の明快で客観的な基準と厳格な運用が求められます。従って、上位レベルと下位レベルとの逆転がないように開差型また少なくても接続型であることが望ましいといえます。

さらに同一レベル内においては、範囲給として運用しやすいように号を設定しますが、これは1,000円～2,000円くらいのきざみとし、しかもそれぞれ10号以内程度とします。

また、運用にあたっては、以下のような具体的なルール決めが必要となります。

① 役割変更（昇進を始めとした上位レベルへの変更）

上位への変更（Ｌ５からＬ６など）があった場合には、前の役割給を上回る、新しい役割レベルに対応する直近上位の額に位置づけます。

② 役割変更（降職を始めとした下位レベルへの変更）

役割レベルの下位への変更（Ｌ７からＬ６など）があった場合には、新しい役割レベルに対応する直近下位の額に位置づけます。

さらに就業規則（賃金規程）等において、以下のような激変緩和措置に関する運用条項を付記しておくことが望ましいといえます。

例）移行後に役割変更等によって、役割給がダウンする場合、ダウンの額が○万円を超えることはない。
　ダウンとなる場合については、事前に本人への説明を行うものとする。

なお、号俸については、以下のように役割を評価（査定）のうえ反映させます。

③ 役割査定

1年に1度（毎年4月時）に、前1ヵ年の人事評価結果（上期及び下期の成績評価を合算したもの）を反映して、以下のとおり改定します。

成績評価	号俸の変更
成績達成度が目標を越えて優秀な場合でしかも担当職務が広がり、責任が重くなる場合	プラス2号俸（特例の場合には3号俸とすることがある；ただし、当該役割レベルの上限額を上回ることはない）
成績達成度がほぼ目標どおりであった場合	プラス1号俸
成績達成度は目標にはやや及ばなかったものの業務遂行状況からみると一定の評価が認められる場合（異動後の期間があまり経過していないなど）	0号俸（現行どおりで変更なし）
成績達成度が目標に到達せず、業務遂行度からみても問題があった場合	マイナス1～2号俸 （ただし、当該役割レベルの初号額を下回ることはない）

以上、つきつめていくと、役割とは、その結果たる業績と重なってくることが理解できるでしょう。すなわち、期待する役割とはいうもののそれだけでとらえられるものではなく、その成果も相伴って始めて意味を持つものになるということです。

このことは、より本格的な役割給を目指す場合には、役割業績給（いわゆる成果給）という位置づけがより適切であるともいえます。

6 賞与制度の再設計

1. 業績連動型賞与の考え方

高年齢者にも適応する賃金制度を目指すにあたり、従来型の賞与を見直し、決定基準を明確に定めた業績連動型の賞与を取り入れることが、年収管理の面からみても適応していくものと考えます。

すなわち、賞与にこれまで以上に業績給の要素を組み込むことにより、年収ベースで複合型賃金体系に転換していくことに他なりません。またこのことは、管理職を対象とした年俸制の考え方にも結び付きます。

2. 業績連動型賞与の条件

業績連動型賞与を設計するには、以下の２つの条件を満たす必要があります。

① 組織業績に関する客観的な指標を設定し、従業員に還元する賞与の枠（総額原資）を明らかにすること。

組織業績とは、会社全体及び部・課・係・営業所・グループ・チームなどの会社を構成する組織単位のものとに分かれます。当然ながら、組織単位ごとに業績を把握するためには、それぞれの財務管理を適正に行い、業績に関するデータを社員に公開することが求められます。

② 貢献度が高い社員に、分け前が大きくするような個別の分配ルールを設けること。

企業活動からみると、従業員が単独で完結する業務は少なく、多くは組織・集団として機能し業績を発揮しうるものです。例えば、個々の業績が比較的明確に表われる営業であっても、会社及び上司からの指示のあり方、製造・仕入・流通・その他間接部門（マーケティングや広告、総務、財務）の協力体制や情報伝達の有効性などによって大きく左右されます。このことは、従業員個々の業績についてズバリ数値として表わすのは難しいということも意味しています。従って、①の組織業績に対して、個々の従業員がどの程度貢献したか（寄与したか）という間接的な評価を行う必要が欠かせないということです。

3. 業績連動型賞与を導入するための留意点

業績連動型賞与を導入するにあたっては、以下の点に注意しなくてはなりません。

① 自社の現状に合った仕組みを設計すること

他の先進的大企業の賞与制度は、参考にはなってもその通りあてはまるものとは必ずしも言えません。あくまでも、実態に即した自社独自の制度としてとらえるべきです。

② 業績に関する情報をオープンにすること

社員に、経営や業績に関する情報を逐次開示することで可能になるものです。

③ 権限に見合う責任の範囲内で決定すること

業績連動型賞与は、職務権限と職務責任対応の原則に基づいています。すなわち、自己の権限に応じた結果について（自らの賃金にも）責任を持つ考え方に立つ必要があります。

④ 社員のやる気がでる制度であること

個々の社員がやる気になる、活性化することがねらいにもなります。すなわち、頑張れば自分も適うと期待がもてるような目標値を設定することがカギになるのです。また、仮に失敗しても次にはチャレンジしてリカバリーが可能な仕組みであることも重要な要素です。

⑤ 評価の公平性と納得性を考慮すること

業績評価は、今まで以上に公平性と納得性が重要とされます。このことが、社内で競争意識を醸成することにも結びつきます。

7 管理専門職 ～高年齢者への年俸制

1. 管理専門職の賃金制度

管理職の賃金水準については、ライン長をメルクマールとします。いうまでもなく組織においてライン長は必要不可欠でなくてはならない存在です。これを基準として明確に位置付け、全体の“ものさし”として運用します。

また基本給に年功的な意味合いが残るものであれば、これとは別に役割給を取り入れてその違いを明確に反映させ、運用していくことになります。とくにエキスパート系列とは明確に分けることがカギになります。

３つの系列の特性について“課長”を例に挙げてみましょう。

ライン系列

組織をマネジメントする役割を担うライン課長について、一般他社水準などを考慮してまず決定します。

エキスパート系列

熟練の度合い（経験の長さ）など業務の応用度を測ったうえでの専任課長の賃金水準を決定します。

スペシャリスト系列

求められる固有の専門的付加価値を測ったうえで専門課長の賃金水準を決定します。将来さらに高度な専門性を期待するのであれば、幅をより大きくとることも考えられます。いうまでもないことですが、実際の客観的な職務価値からかい離しないように毎年適正な評価を行うことが重要になってきます。

●図表3-9 クラスごとの給与水準（幅）の設定

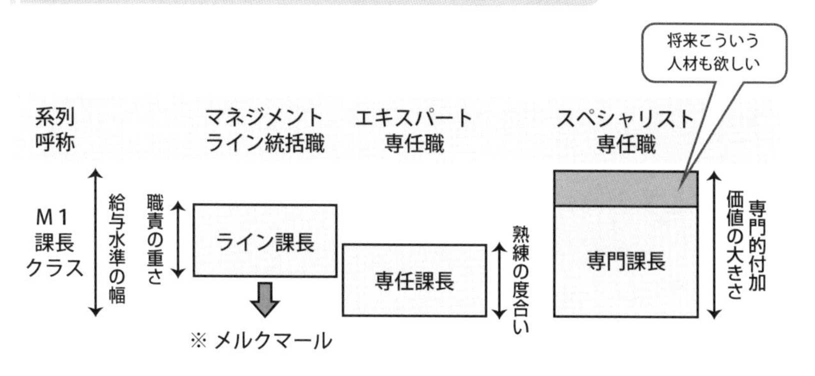

2. 年俸制

年棒制とは、1年間を単位として個別に決定するシステムのことをいいます。従って、とくに内容についての定義はありません。コンサルタントとして長年関わってきた企業のなかには年俸制とはいっても実は年功給そのものであったこともありました。

ただ、一般的に年俸制とは個別の業績を大きく反映させたいわゆる成果主義型のものが多いことは間違いないでしょう。これを前提に考えると、年俸制がなじみやすいのは、上位の管理職及び専門職、個別に任された営業職社員などになります。また評価方法については目標管理方式とも結びついており、これも含めての年俸制の設計は、一見簡単なようで運用面まで考えるとけっこう難しくなるといえます。

年俸制を設計するにあたって注意するのは以下のとおりです。

① 年収からみて高い水準であること。少なくても生活給レベルを超えている水準であり、従って家族手当などの生活給はもはや組み込む必要はないといってもよいでしょう。
　一般社員（組合員）のトップとのバランスをどうするかも重要となります。

② 評価査定の問題にもなりますが、アップ、ダウンも含めて双方から詳細な運用ルールを設定します。とくにダウンの場合には注意が必要となります。

③ これがもっとも重要といえるかもしれませんが、動機づけの問題について慎重に配慮すべきでしょう。
すなわち、やれば報われるというチャレンジ意識を維持、向上させていくことができるかどうかがカギになります。

〈1〉複合型準年俸制の設計例

日本の多くの企業で適応すると思われる年俸制の例を紹介してみましょう。

●図表3-10　管理専門職準年俸制の例

複合型賃金体系 ＝ 基本月俸（実力基礎給）＋役割月俸＋業績月俸

〔単位：千円〕

トップ水準の場合	E-③	L 10	S		月総額	年間月数	年俸総額
	280	280	×140% ＝392	＝	952	× 15	14,280
構成比率	29%	29%	41%				

初任の場合	M I-①	L 1	B－		月総額	年間月数	年俸総額
	200	100	×90% ＝90	＝	390	× 15	5,850
構成比率	51%	26%	23%				

▶ 基本月俸
安定的

クラス-級区分	月額〔千円〕
E-③	280
E-②	270
E-①	260
M II-③	250
M II-②	240
M II-①	230
M I-③	220
M I-②	210
M I-①	200

▶ 役割月俸
変動的（小）

役割レベル	役割設定			月額〔千円〕	
				以上	以下
L 10	ライン統括本部長B			260	280
L 9	ライン統括本部長A			240	260
L 8	ライン統括部長B			220	240
L 7	ライン統括部長A	専門職E		200	220
L 6	ライン統括課長C	専門職D		180	200
L 5	ライン統括課長B	専門職C		160	180
L 4		専門職B		140	160
L 3	ライン統括課長A	専門職A	専任職C	120	140
L 2			専任職B	110	130
L 1	初任管理職		専任職A	100	120

▶業績月俸＝目変動的（大）

※ 前期の役割給に下記の係数を乗ずる

業績評価	役割給係数
S	140%
A	120%
B＋	110%
B	100%
B－	90%
C	80%
D	70%

⇒ 初任の場合のみなし係数（B－ 90%）

《設定基準例》
S：目標利益をはるかに超えた
A：目標利益を超えた
B：ほぼ目標利益どおり
C：目標利益にはやや達しなかった
D：目標利益には全く及ばず計画の見直しを余儀なくされた

既に述べてきた複合型賃金を日本型の年俸制として組み込むものであり、管理職層たるMクラス以上に限定することが想定されます。すなわち、アメリカ型のドラスティックな完全年俸制とは異なるものであって、年俸とはいいながらむしろ月俸制に近いといえます。年間14ないし16ヵ月分で設計し、さらに業績が目標を超えた場合には特別賞与加算も可能とする制度として位置づけます。

基本月俸は単一給（シングルレート）とし、能力給とは言っても真の“実力”を評価したうえでのものとします。また定期昇給については実施対象とはしません。

役割月俸の設定にあたっては、能力給とは言っても“実力”を評価したうえでのものです。また役割給については説明したようにポスト・職責区分・専門レベルの設定がカギを握るものとなります。これにあたっては、まずライン管理職から役割レベルを決め、これに対応させる形で専門職（スペシャリスト）や専任職（ベテランスタッフ）職を決めます。場合によっては専門職の方が統括職よりも高く設定することもあり得ますが、いずれにしても企業や部門、職掌（職種）などによっても大きく異なってくるので注意が必要です。

業績月俸は、役割の大きさに連動させる（期待され、担当した役割の結果；成果）という考え方のもと、前の期の役割月俸に所定の係数を乗ずる方式としています。初任の場合には便宜上「Ｂ－」からスタートさせるなどのルールを決めておきます。一見シンプルなように見えますが、個別の移行シミュレーションを重ね、事前に導入時だけでなくその後の数年の運用まで含めて十分に検証することが必要です。

〈2〉マトリクス年棒制の設計例

●図表3-11

▶ 基準基本年俸　　〔単位：千円〕

クラス	ゾーン	基準額	以上	未満
MⅡ	超過2段階	15%	9800	
	超過1段階	5%	8900	9800
	適正ゾーン	8500	8100	8900
	未達1段階	-5%	7200	8100
	未達2段階	-15%		7200
MⅠ	超過2段階	15%	8050	
	超過1段階	5%	7350	8050
	適正ゾーン	7000	6650	7350
	未達1段階	-5%	5950	6650
	未達2段階	-15%		5950

▶ 年俸改定率表

評価	未達2段階	未達1段階	適正ゾーン	超過1段階	超過2段階
S	6.0%	5.0%	4.0%	3.0%	2.0%
A	5.0%	4.0%	3.0%	2.0%	1.0%
B＋	4.5%	3.5%	2.5%	1.5%	0.5%
B	4.0%	3.0%	2.0%	1.0%	0.0%
B－	3.5%	2.5%	1.5%	0.5%	-0.5%
C	3.0%	2.0%	1.0%	0.0%	-1.0%
D	2.0%	1.0%	0.0%	-1.0%	-2.0%

マトリクス年棒とは、絶対額管理のもと、適正な昇給率（降給率）を組み込んだ年俸制を指します。絶対額とは、クラス－級ごとにあらかじめ定められた基準額をもとに、毎年の評価を反映して運用していく方式であり、以下のように設計を行います。

① 等級別の基準額の設定

クラス－級ごとにまずその中心となる基準額を設定します。事例では、MⅠクラスを700万円としています。

② ゾーン（範囲）の設定

①の基準額を中心に一定の範囲を設けます。事例では、上下に5％ずつ計10％の範囲を設定した結果、適正ゾーンを665万円から735万円としています。さらに適正ゾーンを超過する範囲や適正ゾーンに達しない一定の範囲を順次設定していきます。

③ゾーンと年俸査定のマトリクス表の設定

②のゾーンと毎年の年俸査定結果のマトリクス表（組み合わせた表）を作成します。

これをみてもわかるように、適正ゾーン内であれば年俸改定額は他の一般社員の昇給率と大きな差はありませんが、年俸対象者の位置する金額と評価（年俸査定）によって、年俸改定率が異なってきます。すなわち、等級に対して年俸額が低い社員は評価査定結果にもよりますが、引き上げる方向に働きます。一方で等級に対して既に高い年俸を得ている社員については、さらに高い評価をとり続けないとアップすることは期待できず、場合によってはダウンもあり、より厳しく問われます。このように等級ごとに定める基準額に徐々に収れんしていく仕組みとなっており、評価と連動したきわめて合理的で明快なシステムであるといえます。

なお、この基準額は一般の世間水準を調査し、毎年見直していく必要があります。

8 50歳からの賃金体系

以上のことから、単に定年後の再雇用にはとどまらず、50歳からの賃金体系については以下のように再構築を図っていく必要があります。

① 階層ごとに大きくとらえて再設計を図ること

メリハリをつけ、賃金の性格を明確に打ち出していくためには、上の階層にいくと同時に別の体系に乗り移るような不連続である制度も考えられると思います。

② 役割給に業績給を組み込むこと

賃金要素としては、役割（職務）給を中心に設計し、結果としての貢献度からとらえた業績（成果）を組み込むことがポイントです。

③ 柔軟性の高い制度であること

生活給を卒業した層として位置付け、適正な生活給水準を上回る額の部分については、柔軟性の高い制度とすることです。

④ 実態に応じた独自の制度であること

自社の自由なポリシーで決めることが可能だということです。

⑤ 選択肢のある制度も考慮すること

個々の仕事に価値観や働く目的に沿った複数の選択肢を用意しておくということです。

⑥ 個別の制度であること

集団管理から個別管理に変えていくという見方をすれば、年俸制（月報制）が適合します。ただし、年俸制とはいっても、あくまでも支払い形態を指すものであり、内容については個別に設定、運用していかなくてはなりません。

9 退職金制度を見直すカギ

1. 定年延長と退職金（退職手当）の扱い

退職金は、法で必要と定められたものではありません。

従って、支給額の基準や支払の条件などは任意で定めることができます。退職金規程において60歳定年をもって支払うと明記されていれば、定年延長と同時に60歳を超えての勤務で退職金額を引き続き上乗せしていく必要は必ずしもありません。もちろん、勤続年数がより長くなって、現行制度での勤続係数を活用することであってもよいわけですが、退職金額が当初の想定以上に増大してしまうことになります。すなわち、これまでどおり60歳の時点で退職金額を確定させると決めておけば、とくに問題はありません。ただし、退職金規程では、「60歳を超えて定年延長までの期間については退職金の支給額の計算には算入しない。」と明記する必要があります。これについては、対象者にとって現行の退職金額が減額することはないので、不利益変更の問題は直接的には発生しないことになります。

この場合、退職金額は60歳の時点で確定させ、支払いは定年延長した後の65歳など退職時に支払うとすることが一般的ですが、例外的に60歳時点で支払うことも可能です。これは、退職金が長期の勤務に基づく生活設計の観点からの期待に沿った制度であり、定年は延長されたものの支払い時期が遅れることによるデメリットを避けた方が望ましいという考え方からのものです。

この解釈として、退職金は本来退職しなかったら支給されないもので、退職したことによって一時に支払われるものですが、通達をみると、以下のとおり例外的な取り扱いを認めています。

> 労働協約等を改正していわゆる定年を延長した場合において、その旧定年に達した使用人に対し旧定年に達する前の勤続期間に係る退職手当等をして支払われる給与で、その支払いをすることについて相当の理由があると認められるもので、その給与が支払われた後に支払われる退職手当等の計算上その計算の基礎となった勤続期間を一切加味しない条件の下に支払われるものは、退職手当等とする。
>
> （所得税基本通達 30-2）

なお、定年延長対象者のみにこれまでの退職金制度を一方的に減額することなどは、不利益変更の問題も生じてくることになるので注意が必要です。

一方で、定年延長を機に、これまでの勤続年数に連動する年功的な退職金を見直し、より長く働くことを前提として毎年の貢献度に応じた新しい制度へ見直していくことも検討の余地があるでしょう。例えば、次にあげるような毎年担当する業務の責任度、困難度、評価などの要素も取り入れたポイント制退職金への変更なども検討の余地があると思います。

◎所得税法 30 条１項（退職所得）

2. ポイント制退職金への転換

ポイント制退職金とは、基本給などに一定の係数を乗ずる旧来の方式とは異なり、月例賃金とは異なる算定式から導く、月例賃金分離型の退職金のなかでもっとも代表的な制度です。すなわち、あらかじめ設定された１年あたりのポイント（等級・勤続など）を毎年累積させ、その累計ポイントにポイント単価を乗じて算出する方法であり、社員の毎年の貢献度まで反映できる能力、役割（成果）主義の考え方に則った合理的な制度で退職金制度の見直しにあたって関心も高くなっています。

計算式の見本

退職金額＝（累計）{勤続ポイント＋等級ポイント}×ポイント単価（※）

※ ポイント単価 … 当初、10,000 円（または 1,000 円）からスタートするなど

5P（勤続ポイント）＋7P（Ｊ２等級）　＝計 12P × 10,000 円＝ 120,000 円

（自己都合退職の場合には、さらに自己都合係数を乗ずることも考えられます。）

ポイント制退職金の特徴としては以下が挙げられます。

・能力主義・成果主義人事制度の考え方にもっとも理にかなった方法とされている。

・毎期の所属する等級や評価を合理的に反映させることにより、中途採用の人材など勤続年数が短くても毎年の貢献度が高い従業員については、従来の制度よりも高い水準も可能となる。

・毎年々の等級ごとの履歴管理など、長年にわたって安定した人事管理が前提とされるもので信頼性が高い。

いわゆる成果主義型の等級ポイントの設定例を挙げてみましょう。

管理職複線型（ライン管理職を中心に専任職と専門職の３つの区分を設けたものです）で、しかも毎期の評価結果を反映させる方式となっています。

クラス一級	マネジメント系列（ライン統括職）					マネジメント系列 エキスパート系列（専任職）					スペシャリスト系列（専門職）				
評価	S	A	B	C	D	S	A	B	C	D	S	A	B	C	D
M II	58	54	51	48	44	40	36	33	30	26	49	45	42	39	35
M I	40	37	35	33	30	29	26	24	22	19	35	32	30	28	25
S 2	25	23	21	19	17										
S 1	22	20	18	16	14										
J 3	17	15	14	13	11										
J 2	16	14	13	12	10										
J 1	14	13	12	11	10										

◆《参考１》「同一労働同一賃金」への対応

1．同一労働同一賃金について知っておくべきこと

この章では、高年齢者雇用に関する同一労働同一賃金の問題について、あらためてみていきましょう。定年後の再雇用にあたり、嘱託などの呼称で（1年単位など契約期間を設定した）有期雇用契約を結ぶことはもっとも多く見受けられます。となれば、有期の非正規等社員に対する契約期間の定めのないいわゆる正社員等と比較した「同一労働同一賃金」については押さえておかなくてはいけない事項となります。

（1）関連法規と施行日

「同一労働同一賃金」は法律に記載された用語ではありませんが、一般的にはこのような言い方がよくされています。これに関連する法律は、「パートタイム・有期雇用労働法」です（正式名称は、「短時間労働者及び有期雇用労働者の雇用管理の改善等に関する法律」となります）。

この法律が、2020年4月1日より大企業に施行されました。中小企業に対してはこれより1年遅れの2021年4月1日より施行されています。

なお、「同一労働同一賃金に関するガイドライン（指針）」が2018年12月に公表されています（正式には「短時間・有期雇用労働者及び派遣労働者に対する不合理な待遇の禁止等に関する指針」となります）。

（2）均等待遇と均衡待遇について

まずは以下の2つに分けてとらえる必要があります。

基本は「**均等待遇**」です（同法第9条）。これは、賃金等の労働条件決定の際に、非正規社員等（短時間労働者としてのパートタイマー；パート、及び嘱託など勤務時間は正社員と同じフルタイマーで期間の定めのある従業員も含みます）が、正規社員等（契約期間の定めのないいわゆる通常の労働者となります。）と全く同じに扱わなくてはならないとされるもので、一切の差別的取り扱いが禁止されます。ただし、経験、能力や成果など評価によって差が生じることについて問題はありません。

これに対するのが「**均衡待遇**」になります（同法第8条）。均衡待遇とは、「不合理といえる賃金などの待遇の差がとくにない」バランスがうまくとれている状態をいいます。すなわち、差は存在するが、この差は適切なものであるということです。合理的であるとの断定までは求められませんが、「不合理とはいえない」までは説明できるようにしていかなくてはならないこととなり、多くのケースが

該当することになります。

具体的には、非正規社員等の賃金等待遇について、正社員等と比較して、**①職務の内容、②職務の内容と配置変更の範囲、③その他の事情**の３つの違いに応じて決定します。

うち、①**職務の内容**とは、担当する**業務内容**と**責任の度合い**を指します。

・業務は部門単位でとらえ、業務内容とは、継続的に行うために欠かせない仕事で、例えば販売職、事務職、製造工、印刷工などの職種からみて、中心的な業務に焦点を当ててとらえます。

具体的には、以下のとおりです。

・当職務に不可欠な要素の業務
・成果が業績や評価に大きな影響を与える業務
・時間的な割合や頻度からみても多い業務

すなわち、中心となる業務を比較して実質的に正社員等と同じかどうかが問われることになります。

責任の程度とは、以下などが挙げられます。

・単独で契約締結が可能な（決裁できる）金額の大きさ
・部下の人数や決裁権限の範囲
・成果に対して求められる役割
・トラブル発生時や臨時、緊急時に求められる対応
・期待される成果；売上目標等の貢献期待度

② 職務の内容と配置変更の範囲

将来の見込みも含め、転勤（住居の移動まで伴うもの）や昇進（係長から課長など職務上の責任が重くなること）、人事異動、配置変更（住居の移動までは伴わない本社から別の事業所への異動など）及び事業所間の異動を伴わない職務変更（事務職から営業職への職種変更など）が雇用契約においてあらかじめ予定されているのか（その範囲）、予定されていないのか、をとらえます。

③ その他の事情 … ①②以外の実態に応じて仕事の成果・能力・経験・労使慣行・これまでの労働組合との交渉の経緯など広くあてはめてとらえます。これがあいまいなため、"同一労働同一賃金" の解釈をいっそうわかりにくくしています。

（3）比較すべき社員

では、誰（どのような社員）と比較することになるのでしょうか？

まずは同じ企業内で勤務する者と比較することになります。具体的には以下の順となります。

・担当する仕事の内容が全く同じ正社員等、ただし、もし該当者がなければ下に繰り下がってみていきます。→↓

・広く仕事内容、または責任の度合いのどちらかが同じ従業員
↓
・担当する仕事の内容と配置変更の範囲が同じ従業員
↓
・なかで最も担当する仕事の内容が近いと思われる従業員

（4）比較すべき労働条件について

比較する労働条件とは、基本給や賞与、手当、福利厚生などすべてにわたります。また比較する労働条件は、原則として一つ一つの待遇ごとに判断しなくてはならないことになっています。すなわち、手当を挙げるとすれば、それぞれの手当を比較して判断することが求められ、良い待遇と悪い待遇があったとした場合、ひっくるめて総合的にバランスがとれているから問題がないとはいえないということに注意が必要です。

（5）説明義務について

会社は非正規社員等に対して、もし求められれば、正社員等との間に待遇の違いの内容やその理由、待遇決定にあたって考慮した事項について説明しなくてはなりません。また雇い入れ時や、派遣の場合には派遣される都度説明しなくてはならないことになっています。例えば、雇入れ時の賃金、教育訓練、福利厚生施設の利用、正社員転換の措置などに対してです。

なお、会社は説明を求めた労働者に対して不利益な取り扱いをしてはならないこととなっています。

例えば、正社員は「職能給」、一方の非正規社員に対してはこれとは異なる「職務給」など、それぞれに適用される人事賃金制度や基準が異なることはありますが、基準の違いが不合理ではないことも含めて具体的な説明が求められることになります。

また、この説明の際には、裏付けとなる資料をもとに口頭で行わなくてはなりません。そのために就業規則や賃金規程等の関連する資料をあらかじめ用意しておく必要があります。

説明にあたっては、「役割としての期待が異なっているから～」とか、「賃金の決定基準が異なるため～」など抽象的で包括的な説明だけでは不十分です。客観的で具体的でわかりやすい説明が求められることになります。

（6）非正規社員等へ説明すべき項目について

該当する非正規社員等へ説明すべき項目は以下のとおりです。

① 正社員等との間で賃金等待遇の決定基準の違いがあるのか
それは、客観的にみてどのような違いか

② 個別で具体的な内容、待遇の決定基準（ものさし）について

・基本給の平均額または標準者のモデル基本給額などを提示して説明するもので、とくに比較者が少ない場合などには有効です。

・手当であれば、標準額、または最も高い額と低い額について提示します。

・賃金テーブル等を提示したうえでこれに沿って具体的に説明することなどが挙げられます。

※ 例えば職能給を導入している企業では、能力評価を適正に行うことにより、評価の違いがこのように金額に反映されるなど、非正規社員が客観的に理解できるように具体的な説明を行わなければなりません。

◆《参考２》 有期契約から無期契約への転換ルール

定年後の高年齢者については、無期転換ルールについても押さえておかなくてはいけない重要事項となります。

無期転換ルールとは、労働契約法第18条により、有期の労働契約が反復して更新のうえ通算して５年を超えた時には、労働者の申し込みがあれば、期間の定めのない労働契約（無期労働契約）に転換できるルールです。

これに関連して、有期特措法（「専門的知識等を有する 有期労働契約者等に関する特別措置法」）が2015年４月より施行されました。すなわち、特例として以下に該当する場合において都道府県労働局長の認定を受ければ、このルールが適用されないこととなっています。

①「５年を超える一定期間内に完了する業務」に就く高度の専門知識等を有する年収1,075万円以上の有期雇用労働者（高度専門職）

② 定年に達した後、継続して雇用される有期雇用労働者
… 定年後の雇用期間が長引く場合に、結果として、再度無期契約に戻るという状況を避けるための措置とみることができます。

◆《参考３》高年齢者の一般的な賃金水準は？

2021年（令和３年）賃金構造基本統計調査（賃金センサス）

a：雇用形態／正社員・正職員の雇用期間の定め無し

区分	100～999人					
	年齢	勤続年数	所定内実労働時間数	①所定内給与額	②年間賞与その他特別給与	③見なし年収／①×12ヶ月＋②
	歳	年	時間	千円	千円	**千円**
55～59歳	57.4	21.2	165	384.7	1271.4	**5,888**
60～64歳	62.1	19.1	166	348.1	915.3	**5,093**
65～69歳	67.0	16.4	166	348.7	588.3	**4,773**

b：雇用形態／正社員・正職員の雇用期間の定め有り

60～64歳	62.4	18.5	162	252.0	519.2	**3,543**
65～69歳	67.2	15.7	162	230.0	263.1	**3,023**

a：雇用形態／正社員・正職員の雇用期間の定め無し

区分	10～99人					
	年齢	勤続年数	所定内実労働時間数	①所定内給与額	②年間賞与その他特別給与	③見なし年収／①×12ヶ月＋②
	歳	年	時間	千円	千円	**千円**
55～59歳	57.4	17.1	170	328.4	718.9	**4,660**
60～64歳	62.3	17.5	170	300.9	518.2	**4,129**
65～69歳	67.2	17.8	169	269.3	407.1	**3,639**

b：雇用形態／正社員・正職員の雇用期間の定め有り

60～64歳	62.5	15.8	163	243.3	374.6	**3,294**
65～69歳	67.2	14.7	161	218.8	210.0	**2,836**

1．賃金構造統計調査より

賃金については、サンプル数も多く全国でも実在者の実態値を表わすものとしてもっとも多く活用されている、厚労省の「賃金構造基本統計調査（令和３年：2021年版）」からみてみましょう。従業員規模としては、中堅企業を中心とした100～999人と中小零細企業を中心とした10～99人の双方からとらえます。

雇用形態としては、上段のa;「正社員・正職員（雇用期間の定め無し）」と、下段のb;「正社員・正職員以外（雇用期間の定め有り）」とを比較してみます。aはいわゆる「正社員等」、bはいわゆる「非正規社員等」に近いものとみることもできます。年齢は5歳きざみとなっています。

（1）中堅規模企業の水準（従業員規模100～999人）

100～999人では以下のとおりです。

所定内給与（賃金）をみると、正社員等は（55歳～59歳）が384,700円、（60歳～64歳）が348,100円となっています。これに対して、非正規社員等の（60歳～64歳）は252,000円となっています。（65歳～69歳）が230,000円となっています。

これはあくまでも統計上からの年齢階層別の平均値を表わしたものに過ぎないので、特定の企業からすれば個別の状況によって違ってくるのは当然ですが、ラフな見方をすれば、65歳定年制のもとでは60歳を超えても所定内給与水準はそれほど大きく変わらないところが、60歳定年制の企業を前提とすれば、定年前（55歳～59歳）に384,700円だったところが定年後非正規に変わって252,000と約3分の2に減額になってしまうという見方もできるでしょう。

また、統計調査では示されてはいませんが、所定内給与額の12ヵ月分に年間賞与等を加算した「みなし年収額」を算出してみました。（残業・休日出勤手当などの変動的手当などは除いた額となります。）

正社員等は（55歳～59歳）が5,888,000円、（60歳～64歳）が5,093,000円となっています。これに対して、非正規社員等の（60歳～64歳）は3,543,000円、（65歳～69歳）が3,023,000円となっています。

65歳定年制のもとでは60歳を超えて8割以上に留まるところが、60歳定年制の企業を前提とすれば、約6割にまで減額となるという見方もできるかと思います。

（2）中小零細企業の水準（従業員規模10～99人）

10～99人では以下のとおりとなります。

所定内給与（賃金）をみると、正社員等は（55歳～59歳）が328,400円、（60歳～64歳）が300,900円となっています。これに対して、非正規社員等の（60歳～64歳）は243,300円となっています。（65歳～69歳）が218,800円となっています。

（1）の100人以上規模の企業と同じく、65歳定年制のもとでは、60歳を過ぎてもそれほど大きく変わらないところが、60歳定年の企業を前提とすれば、328,400円が定年後に非正規に変わって243,300円と約4分の3に減額となるという見方もできるでしょう。

一方の「みなし年収額」をみると、正社員等は（55歳～59歳）が4,660,000円、（60歳～64歳）が4,129,000円となっています。これに対して、非正規社員等の

（60歳～64歳）は3,294,000円、（65歳～69歳）が2,836,000円となっています。

すなわち65歳定年制のもとでは60歳を過ぎても約9割に留まるところが、60歳定年制の企業を前提とすれば、定年後には約7割に減額となるという見方もできるかと思います。

なかなかこのような資料は他には見当たりません。業種別、男女別、学歴別などの区分でも表示されているので参考にされることをお勧めします。

このような客観的なデータをもとに、自社の賃金水準の決め方が一般他社と比べてどうなのか、根拠をもって大きくずれないようにこれからは毎年のように検証を続けていくべきです。というのも、企業のなかには、定年後の再雇用であれば仕事の内容がほとんど変わらないのに水準が半額以下になって当然というところもまだ多くあるように見受けられるからです。

第3章

人事評価制度

1 これからの人事評価（考課）制度

ここでいう“人事評価”は、焦点を仕事そのものに当ててその価値を見出す“職務（役割）評価”（**159頁参照**）とは異なって、対象を従業員個人（ヒト）に当てた“人事考課”になります。

これからの70歳まで見据えた高年齢者の雇用を進めていくにあたって、トータル人事制度のなかでも評価制度がこれまで以上に重要になってきます。ちなみに、完全な職務給に移行した場合には賃金査定のための人事評価（人事考課）は必要がなくなるという見方もあるようですが、日本の大多数の企業をみるに、年齢や経験以外の“ヒト；人”に掛かる要因で賃金の差を設定するためには、評価制度が重要な意味を持つということは間違いないといえるかと思います。

評価については、業績と職務行動に分けて設計します。業績とは成果、すなわち担当職務の結果そのものをとらえるものです。これに対して職務行動評価とはプロセス評価であり、結果に至るまでの途中の経過を、例えば期待される人材からの行動特性などから追ってとらえるものです。

人事評価制度の設計にあたっては、まずは人材ビジョンを明確にすることから始める必要があります。これに従って、「経営の見える化」を進めるとともに、次にこれを担う“ヒト”、すなわち期待される人材像も見えてくるといえます。

2 成績・業績評価の設計

1. 成績・業績評価の基本

「正社員等に対してノルマが課せられている一方で、再雇用者など非正規社員等には課せられていない場合には、合理的性がある範囲での差があることは認められる」旨の記述も一般的に多く見受けられます。

しかしながら、“ノルマ”という言葉は、人事マネジメントでは適切な表現ではありません。“ノルマ”は、旧ソ連で用いられていた用語で、労働者が一定時間に遂行すべきものとして割り当てられた労働の基準量を指しています。言ってみれば、上位組織から強制力を伴って一方的に押し付けられたものであり、新しい人事評価制度のイメージからはほど遠いものです。これに対して、目標管理制度における“目標”とは、従業員本人自らも目標設定の段階から参画し、理解し納得したうえで設定した科学的な手法で導かれた目標値であるとあらためて定義しておきたいと思います。

上記に沿って評価制度からみた区分としては、正社員等（定年延長を含む高年齢者）に対して、人事評価制度のなかの業績評価に目標（による）管理制度を採りいれることにより（目標管理方式）、非正規社員等（定年後の再雇用者）とは一線を画す」とすることに合理性があるとも言えるかと思います。

一方で非正規社員、すなわち、定年後再雇用の嘱託やパートタイマーなど期間の定めのある契約社員についてもこれからは人事評価が重要になってくるものとお伝えしてきました。

ではこれらの非正規社員等については、どのような評価制度、評価基準であるべきなのでしょうか？それは、必ずしも、目標数値にはこだわらない、例えば**230頁**の図のように量的な見地×質的な見地でとらえるということが考えられます。

2. 目標管理方式による業績評価

目標管理方式は、中堅規模以上の企業では圧倒的といってよいほど多く実施されているものです。

正社員に対しては、業績評価については原則として目標管理方式で進めていくことをお勧めします。下の表を参照にしてください。

●図表3 -12

【営業職掌Sクラスの場合】

ウエイト：業務目標を全て合計して100%（5%きざみ）になるように設定して下さい
難易度　：期待する（所属する等級）レベルからみて、明らかに高いものについては、「高」に○をつけてください

	期首設定（本人記載）	目標設定 >> 直属長に提出 >> 面談 >> 本人に本紙を返却（本人保管）			（直属長）
	目標設定	達成すべき水準	目標達成方法・スケジュール	ウエイト	難易度
業務課題目標	① 担当売上額の達成	受注額 / 2億△千万円 ○○；△△千万円 ○○；△△千万円 ○○；△△千万円	既存の小規模顧客及び見込み先に対し、重点施策商品の販売強化を行う。	40%	
	② 新規訪問件数の達成	訪問件数 /40 件 うち見積もり提出まで 15 件とする	商圏別に～より具体的にリストアップを行う／週に1日△時間を割り当てて計画的に訪問を行う	20%	高
	③ キャンペーン商品の達成	○○ /500 点	販売成功事例について情報交換会を開催する／パンフレット等販促品を効果的に活用する	20%	高
	④ ○○業務における納期の順守	納期の半月の余裕をもって全て完了させること	◇ 月末の時点で、～まで終えて上長へ報告、指示を受ける。 ◇ 月末の時点で○担当に説明のうえ、了承を得る。	10%	
	⑤ ○○業務におけるミスを発生させないこと	通常、一般的に起こりうる軽微な業務ミスを 30%削減するとともに、重大なミスを発生させないこと	前期発生のミス防止のためのマニュアルを見直すとともに、二人での読み合わせチェックを必ず行う。	10%	

直接、業務に関する目標を設置する。
会社・部門目標から導かれる。まずは定量（数値）目標とし、困難な場合には定性目標とする。

ただし、中小企業などで目標管理について初めて導入する企業やまだ十分に慣れていない企業では、試行錯誤で進めていかざるを得ません。目標管理方式は、量と質による簡便な成績評価よりも、定着するまでには3倍以上の期間がかかるとも言われています。そのためにも、階層別、職掌別に区分したうえで、それぞれに実態に即した目標を設定する必要があります。Sクラス以上の上位層及び数字の責任が明確な営業職などから一足早く進めていくことも考えられます。

また、評価制度としてとらえる以上、課題の選択を本人に任せきりとすることは誤りです。なかでもときに見受けられるのが白紙委任状形式の目標管理です。

目標設定にあたってはその職掌ごとに必須科目（項目）、すなわち、必ず設定すべき項目、あらかじめ想定される科目を洗い出して提示する選択項目、そして上司と話し合ってそれ以外にも当期に必要であると思われる任意項目の3区分で設定していくことが考えられます。このことが目標管理制度を形骸化させない鍵ともなります。

【例】

※ 以下について「必須課題」として必ず目標のなかに1題以上設定してください。
① 業績に直結するもの（とくに営業職）。
② 新技術の開発や新規開拓に関するもの。
③ 改良、改善、業務の効率化に関するもの。
　… 技法・手続き・実行手順を見直したうえで、新たなとらえ方で業務を進める場合。
④ 顧客満足度の向上に結び付くもの。
　… 管理部門や間接部門では、社内の各部門を顧客としてとらえてみてください。

目標の達成度評価は、いってみれば目標ごとにとらえた直接的な成果のみを表すものです。ということは、目標が達成できたからただちに高い評価、できなかったから低い評価とは単純にはいかない場合もあり得るということです。

この解決方法には以下のとおり、いくつか挙げられます。

１つ目の方法は、目標以外の業務課題（その他の諸課題）の枠を別途設けておく方法です。

２つ目の方法は、難易度の評価（高い難易度の場合には加点とする）を行うことです。これを慎重に公平性を期すために、一時評価者よりも二次評価者に委ねることも行われています。

３つ目の方法は、間接連動方式です。目標管理（チャレンジシートなど）は別途にマネジメントの技法として進め、人事評価表の方には、組織業績の貢献度も含めて総合的に評価するなどの方法が考えられます。

また、それぞれの目標ごとにプロセス評価を設けることも考えられます。すなわち仮に目標が達成できなくても、いい線までは十分にきているという段階では、例えば加点で報いる仕組みを取り入れていくことにあります。

なお、管理部門などルーティンの仕事が中心な社員については、やって当たり前の本来の担当業務そのものを目標として挙げる例も多く見受けられますが、このような場合には「特別課題目標」と「日常業務目標」とに分けて設定するようにします。特別課題目標とは創造的でチャレンジングなものですが、達成に向けては不確実性とリスクを伴うものです。一方の日常業務目標は定型的業務が中心で達成して当然の重要であるがいわゆる守りの目標ということになります。例えば人事でいうと、現行の手当を見直すということは特別課題目標にあたるもので、毎月の給料を間違いなく給料日に支払うように進めていくなどが日常業務目標となるわけです。とくにＳクラス以上については特別課題目標の設定を義務付けることなどが考えられます。そのためにも階層ごとに区分すべきであるということになります。

しかしながら、営業職掌以外ではなかなかうまくいかないことも実際には多く見受けられ、数値化以外の定性的な達成基準の記述方法についても柔軟に認め、マニュアル等で職掌別にできるだけ多く例示するようにしていくことが望まれます。

3 職務行動評価基準の見直し

行動評価についての基準は、以前は「コンピテンシー評価」が中心になっていたといえます。これはアメリカにおける行動心理学から発生したもので、平均者よりも実際に高い成果をあげている優秀者を基準とし、さらに能力あるヒトそのものよりも、成果からみた行動の方に注目したものです。また「～する・～している」という具体的な行動基準レベルで目に見える形でとらえようとしたもので、階層や職種ごとに必要な特性を選択し限定的にとらえたものです。これについては、アンケートを管理職以上の評価者に対して実施したうえでまとめていく方法が考えられます。

同一労働同一賃金に則っての評価を目指すには、担当業務の結果としての成果；業績、勤務態度と期待する行動基準についても明確に設定するとともに、理論的にも説明がつき、また誰がみてもわかりやすいその会社独自の評価基準を作り上げることが求められます。

1. 業務プロセス

直接成果としての業績を補足的にとらえる項目です。目標達成度では評価できない業務の進展の度合いについて職掌ごとに整理したうえでとらえるものです。

2. 勤務態度

長年勤務した高年齢者だからこそ必要な項目ともいえます。担当職種など実態に即して必要な項目を独自に挙げだしてみます。

最近では、部下が年下ということが多くあります。昔の上司が部下になるということはやりにくいものです。これを受けてあらかじめ定められた組織で決まっているルールを守ったかどうかの「職場規律」やそれぞれに割り振られた担当業務に対する「責任感」などの評価項目がまず挙げられます。次に年長がゆえに存在感は示すものの周囲からは煙たがれるという話も聞こえてきますが、そうではなく、組織運営が円滑に行うように常に気配りを行うことが求められる「チームワーク（協調性）」、マンネリに陥らず担当職務への前向きさを示す「向上心（改善意欲）」や業務に直接に関係なくても自らさらにスキルアップに励む「自己啓発意欲」などが挙げられます。

3. 具体的な着眼点の作成

着眼点とは、実際に評価する際に、それぞれの評価項目のとらえ方について複数の具体的な文章で表わしたものです。これこそが現場を巻き込んで評価者のみならず評価される側の被評価者がピンとくるような生身の表現とすることが重要となります。その企業ならではの表現を工夫したオリジナル版を目指します。

以上を踏まえ、目標管理方式を取り入れた評価シートと連動しない評価シートの双方の例から比較してみてください。

● 図表3 -13

成績・勤務態度評価シート（目標管理制度と連動する方式）	等級		評価対象期間 年 月 日 ～ 年 月 日 / 評価時期 月 日

所属		被評価者		一次評価者	記入日 年 月 日	二次評価者	記入日 年 月 日

評価項目 / 着眼点	配点	評価・点		一次評価	二次評価
① 実績評価（あらかじめ設定された目標課題の達成度について）		評価&素点		一次評価	二次評価
◎ 今期の目標を大きく上回る成果をあげ、組織業績への貢献度がきわめて大きかった		S	40	S	S
○ 今期の目標を上回る成果をあげ、組織業績への貢献度も大きかった		A	32	A	A
☆ AとBの中間とみなされる場合		B+	28	B+	B+
△ 今期の目標はほぼ達成する程度の成果であった		B	24	Ⓑ	Ⓑ
（Cのうち、本人の責任の及ばない範囲の要因で達成できなかった場合 → 当該要因がなければB以上）		B-	20	B-	B-
▼ 今期の目標を下回る程度の成果で、組織業績への貢献も期待には応えられなかった		C	16	C	C
× 今期の設定目標には遠く及ばない成果で、組織業績へも全く貢献できなかった		D	8	D	D
［評価者による上記評価についてのコメント］					

② 上記目標以外の特筆事項	基準		粗点	一次評価	二次評価
o上記の期首に設定した目標以外で、所属する部署に貢献できた課題（業務）はあったか ［評価者による事実記載欄］	◎	顕著なものがあった	10	◎	◎
	○	大きく貢献できた	7	◯	◯
	△	貢献した	5	△	△
	−	特筆すべきものはない	0	−	−

③（実績に導くための）業務のプロセス（進捗管理）	評価&素点		一次評価	二次評価
o担当した仕事の質的内容は期待基準に沿っていたか	S	10	S	S
o仕事は正確・適切かつ安全に遂行され、信頼のおけるものだったか	A	8	A	A
o定められた正しい手順で業務を進めていたか	B	5	Ⓑ	Ⓑ
o予算・原価管理、品質・工程管理については定められた通り実施できたか	C	4	C	C
o仕事でのミスやトラブルが発生した際の対応は適正であったか	D	2	D	D
o顧客満足度向上に向けて積極的に取り組んだか				
o担当部署の方針 個人目標の達成に向けて積極的に取り組んだか				

勤務態度	④規律遵守、コンプライアンス	o〇〇会社の社員としてふさわしい言動、勤務・生活態度であったか o上司の指示に従ったか、就業規則や職場のルールを守ったか o当社のコンプライアンス精神を遵守していたか o自らの健康管理には日々気を付けていたか	10%	S	10	S	S
				A	8	A	A
				B	6	Ⓑ	Ⓑ
				C	4	C	C
				D	2	D	D
	⑤責任感	o困難な又は煩わしい仕事でも最後まで責任をもって行っていたか oトラブルやクレームがあった場合でも避けようとすることはなかったか o担当業務は常に安全・品質に心がけて確実に実施したか o自分の置かれている立場と役割についての自覚はあったか	10%	S	10	S	S
				A	8	A	A
				B	6	Ⓑ	Ⓑ
				C	4	C	C
				D	2	D	D
	⑥チームワーク精神	o上司・同僚・関係者と協力して業務を円滑に遂行する姿勢は見られたか o外部の業者やチームメイトの意見をよく聞き自己の職務に生かそうとしたか o長年の自己の考え方ややり方に固執してチームワークを害することはなかったか o報告・連絡・相談は期待どおりであったか	10%	S	10	S	S
				A	8	A	A
				B	6	Ⓑ	Ⓑ
				C	4	C	C
				D	2	D	D
	⑦向上心	oより高い目標（課題）を目指して前向きに取り組んでいたか o従来からの技術や手順を常に見直す姿勢をもって品質、生産性の向上に取り組んだか o部署・チームの業績向上のため上司や関係先に対して積極的な提案を行ったか o後進に対しての業務指導に意欲的に取り組んだか	10%	S	10	S	S
				A	8	A	A
				B	6	Ⓑ	Ⓑ
				C	4	C	C
				D	2	D	D
計（100点満点）						60点	60点

［一次評価者コメント］
［二次評価者コメント］

●図表3 - 14

成績・勤務態度評価シート （目標管理制度とは連動しない方式）	等級		評価対象期間 年　月　日 ～ 年　月　日 評価時期 月　日

所属		被評価者		一次評価者	記入日　　年　月　日	二次評価者	記入日　　年　月　日

評価項目		基本着眼点	配点	評価・点		一次評価	二次評価
貢献	会社への貢献	o会社業績に貢献したか	10%	顕著	10	顕著	顕著
				有り	6	(有り)	(有り)
				無し	0	無し	無し
成績	業務の量	o評価期間内にこなした業務量は期待通りであったか o仕事の速さは期待どおりだったか o業務効率を考えて仕事を進めたか	20%	S	20	S	S
				A	16	A	A
				B	12	Ⓑ	Ⓑ
				C	8	C	C
				D	4	D	D
	業務の質・仕事の進め方	o仕事の質的な面（出来ばえ）は期待通りであったか o仕事は正確で信頼がおけるものだったか o計画通り手順に沿って安全にかつ期限内に仕事を進めたか o担当業務で大きなミスは起こさなかったか、また、小さなミスを繰り返さなかったか o関係者とのコミュニケーションは的確に行っていたか	20%	S	20	S	S
				A	16	A	A
				B	12	Ⓑ	Ⓑ
				C	8	C	C
				D	4	D	D
勤務態度	規律遵守・コンプライアンス	o〇〇会社のシニア社員としてふさわしい言動、勤務・生活態度であったか o上司の指示に従ったか、就業規則や職場のルールを守ったか o部門及び年度方針を遵守したか o健康管理には日々自ら気を配っていたか	15%	S	15	S	S
				A	12	A	A
				B	9	Ⓑ	Ⓑ
				C	6	C	C
				D	3	D	D
	責任感	o仕事は最後まで責任をもって行ったか o困難な、または煩わしい仕事であっても進んで行っていたか oトラブルやクレームがあった場合でも避けようとすることはなかったか	15%	S	15	S	S
				A	12	A	A
				B	9	Ⓑ	Ⓑ
				C	6	C	C
				D	3	D	D
	チームワーク精　神	o上司や周囲に対して自ら協力しようとしていたか oチームワークを重視していたか o自己流の手順や手法に固執して頑固になることはなかったか o上司・同僚・関係者と協力して業務を円滑に遂行する姿勢は見られたか	10%	S	10	S	S
				A	8	A	A
				B	6	Ⓑ	Ⓑ
				C	4	C	C
				D	2	D	D
	向上心	oグループでの活動は、自ら快く引き受けていたか o手の空いた時間を他の仕事に充てるなど勤務時間を有効に使おうとしたか o後進に対しての業務指導には意欲的に取り組んだか	10%	S	10	S	S
				A	8	A	A
				B	6	Ⓑ	Ⓑ
				C	4	C	C
				D	2	D	D
計（100点満点）						60点	60点

［一次評価者コメント］
［二次評価者コメント］

先述のように、正社員のみに目標を課したうえでその達成度の評価を行い、結果として高い賃金を可能にさせるという見方もできますが、一方で、雇用期間の定めのある専門職などに対して、担当する職務の内容などからみて整合性のある賃金等処遇制度のうえで正社員との待遇差が不合理とはいえない労働条件とする場合には、対象が非正規社員であっても目標管理制度と連動させた評価を行うことも考えられるのでご留意願います。

4 年俸制に適合する評価

既に述べてきたように、とくに管理職や専門職、ベテランスタッフを念頭においた高年齢社員は一般の社員と異なる次のような特徴をもっています。

① 能力開発段階は終了したとみなされ、フルに能力を発揮することが期待される。
② 能力を発揮した結果としての業績が強く問われる。
③ 経営課題を自ら認識していることが重視される。
④ 裁量の権限を持ち、これが明確になっている。
⑤ 定型的な業務よりも、判断業務が中心になっている。

これをみてもわかるように個々の業務内容の差が大きく、しかも業績をどう評価するかということが重要となります。

資料は、いわゆる目標管理連動型の人事評価表の例です。これは管理職を対象としたものですが、高度な専門職に対しても項目や表現等を読み替えることによって活用が可能です。ただし、ここまでくるには職責が明らかであり、目標管理に対する理解が一層進んで意識も高く、目標の設定・評価が本人の自主管理によって十分に行われる段階となっていることが前提となります。

この人事評価表では、以下のような５つの要素で組み立てられています。

1）重点課題目標

会社全体からみて重点的に絞り込んだ課題目標の達成度を評価するものです。上位組織の目標に基づき、事前の包括的な指示（ガイドラインの提示）のもとに設定するものです。

2）業務改善目標

1）の重点課題目標以外のいわば守りの業務があればここに記入します。1）と比較して通年の定型業務などがこれにあてはまるものですが、必ずしも 1) との明確な違いはありません。

3) 業務プロセス評価

会社が求める直接的成果ではないものの業務を進めるうえで必要となる業務プロセスの評価となります。一般社員の勤務態度評価や能力評価などがこの管理職層ではここでは形を変えて集約されるという見方もできます。ただし、ここでは一般社員の能力評価とは異なり、業績に直結するいわゆる顕在能力に限られることになります。

4) 特別加点評価

期の途中で発生した業務対応において特筆すべき事項について評価するものです。加点主義の精神のもとに、あらかじめ期首に事前設定する「目標管理」の考え方の不十分な点を補う意味もあります。

5) マネジメント実績評価

管理職たる組織統括責任者としての役割からくる評価をここでまとめて行うものです。５つの小項目についての具体的な職務行動から評価を行うことになります。

●図表３-15　「年俸制評価表例〔管理職用〕」（1）

期間	自：　年　月　日 至：　年　月　日
職位 等級 氏名	総務部次長 M－2 ○○○一郎

上位目標（全社目標）／方針／
1．下半期売上高○○○○・粗利益高○○○○～
2．能力主義・成果主義を目的として人事制度を～
3．令和△年の店頭公開を目指して～
を達成する

※上記目標を達成するために、今期重点目標を５点（新規目標を１つ以上折り込むこと）ならびに通常業務の目標を設定して下さい。
↓

	担当部署目標（総務部目標）	具体的方針	ウエイト	事前難易度評価	達成基準B 必達目（評価B）	達成基準A 努力目標（評価A）	実行担当者	スケジュール（月）	付帯条件他	評価 本人評価	評価 上長評価
Ⅰ 重点課題目標	(1) 間接部門の合理化	○営業重点策として直間比率を高める	30%		間接部門比率を15%未満に抑える	間接部門比率を10%未満に抑える	本人		営業部門へ短期派遣を行なう	S·A·B·C·D〕	〔S·A·B·C·D〕
	(2) 目標管理の導入（新規）	○人事制度の一環として組織の役割・責任を徹底し、目標を明確に持たせ、達成意欲を促す	20%	＋1（1等級上のレベル）	全社に趣旨を徹底し、目標達成度を評価する	評価制度にまで連結させる	◇◇係長 ◇◇社員		初年度は、役職者のみ実施	〔S·A·B·C·D〕	〔S·A·B·C·D〕
	(3) 新賃金体系への移行 (4) (5)	○能力・業績主義を賃金に反映させ、社員のヤル気を高める	20%		来年昇給時迄に全社員への説明会実施、通知配布を行ない、遅滞なく個別移行を完了する	新人事評価表から昇給考課を反映させ、しかも移行ミスがないようにする	賃金担当 ◇◇主任 ◇◇社員			〔S·A·B·C·D〕	〔S·A·B·C·D〕
Ⅱ 業務改善目標	○総務部一般通常業務の実行	○サービス部門として十分に認識し、全部員が正確かつ迅速を目指す	ウエイト対象外	対象外	スケジュール管理・エラー件数が昨年並となること	スケジュール管理・エラー件数に明確な改善結果が見られること。	総務部員全員		Jクラス社員1名退職後、補充用パート1名を採用予定	〔S·A·B·C·C〕	〔S·A·B·C·D〕

○全社目標を達成するために、総務部統括責任者として以上の目標到達を目指し、全力をあげて取組みます。また、部下の目標はこれに沿って別紙の通り設定しました。
氏名　　　　　　印

○以上の各目標につき、了承しました。部門目標達成のために、リーダーシップを発揮され、一丸となって取り組まれることを期待します。
氏名　　　　　　印

「年俸制評価表例〔管理職用〕」（2）

	評価項目（参考例示）	着眼点	具体的実績（職務行動としての事実）	ウエイト：a（参考）	標語：b	点数 a×b
Ⅲ 業務プロセス項目	目標設定の的確性	o目標は、経営指向性・チャレンジ性・水準（目標値レベル）・スケジューリング等において適正に設定されたか		20%	〔S・A・B・C・D〕	点
	業務処理手順	o業務処理の実行プロセス（手順）は適切であったか		20%	〔S・A・B・C・D〕	点
	経費管理	o担当部署の経費管理は適切であったか		10%	〔S・A・B・C・D〕	点
	情報収集	o必要な情報をタイムリーに収集したか		10%	〔S・A・B・C・D〕	点
	具体的成果物	o成果物としての報告書・諸資料としての評価はどうか（実行に向けての基準策定・マニュアル化はどうか）		10%	〔S・A・B・C・D〕	点
	コミュニケーション	o経営トップや他部門と報告・連絡・相談を密にして効果的に進めていったか		10%	〔S・A・B・C・D〕	点
	他部門との協力・支援	o他部門へ提案、助言、調整などの具体的な協力、支援を行ない、もって業績に貢献できたといえるか		10%	〔S・A・B・C・D〕	点
	企業イメージアップ等貢献	o対外的交渉を円滑に進め、会社全体の信用向上やイメージアップに貢献したか		10%	〔S・A・B・C・D〕	点
Ⅳ 特別加点項目	・担当業務変革 ・改善度他部門への貢献 ・特別プロジェクトへの取り組み ・その他	・担当業務の変革に向けて具体的な改善実績について ・社内の他部門への貢献度は伺えたか ・特別プロジェクトへの取り組みはどうであったか ・他では評価されない項目で加点すべきところはあったか			〔+20P・+15P・+10P・+5P〕	点

「年俸制評価表例〔管理職用〕」（3）

<table>
<tr><th rowspan="2">分類項目</th><th rowspan="2">評価項目</th><th rowspan="2">着眼点</th><th colspan="2">上長評価</th><th rowspan="2">〔評価記号・設定P〕</th></tr>
<tr><th>関連参考指標
（職務行動としての事実）</th><th>左記を参考にした段階別判定基準</th></tr>
<tr><td rowspan="5">Ⅴ マネジメント実績項目</td><td rowspan="5">担当部署管理・統率・部下信任度</td><td rowspan="5">o等級・担当役割に応じた管理職としての責任を果たしたか</td><td>部門全体からみてのモラール・チームワークの向上に関する貢献
[　]</td><td rowspan="5">oきわめて優れた管理統率力を十二分に発揮し、指導・育成が　適切で、部門全体のモラール向上が顕著であった
o部下・下級者をよく指導、向上させ、部門のモラールも良好であった
oクラス一等級に要求される部下・下級者の業務指導を的確に行ない、モラールもまずまずであった
o部下・下級者の指導・育成にやや配慮が欠け、彼等のモラールもいま一つであった
o部下・下級者の指導・動機づけに対して意に介さないところがみられ、彼等のモラールも低く、問題が大きかった</td><td rowspan="5">S
A
B
C
D</td></tr>
<tr><td>自らのリーダーシップ・指導力発揮に関する特筆事項
[　]</td></tr>
<tr><td>部下・下級者の能力開発・育成に関する特筆事項
[　]</td></tr>
<tr><td>クレームやトラブル等不測事態への対応に関する特筆事項
[　]</td></tr>
<tr><td>その他の特筆事項
[　]</td></tr>
</table>

「年俸制評価表例〔管理職用〕」（4）

Ⅰ．今期特別課題目標
Ⅱ．通常業務目標
…期間業績を直接
・間接的に評価するもの　　□P／100P（×□%）

Ⅲ．業務進捗管理
…あらかじめ、ⅠⅡ以外で個別に設定する必要がある場合
①〔S100・A80・B60・C40・D20〕□%
②〔S100・A80・B60・C40・D20〕□%　□P／100P（×□%）
③〔S100・A80・B60・C40・D20〕□%
Ⅲ計100%　　ⅠⅡⅢ計100%

□P／100P

＋

Ⅳ．その他特別加点項目
…期末時点で特別に評価すべきだと判断された場合　　□P／20P

＋

Ⅴ．組織管理実績項目
…担当役割からの組織管理責任を評価するもの　　□P／20P

期末総合評価コメント欄

－参考基準－
評価段階設定基準

S：きわめて優れた業績であった
（期待し要求する基準をはるかに上回り、その上位の基準で評価してもAのレベル）
A：優れた業績をあげた
（期待し要求する基準を余裕をもって上回り、担当業務も完全に履行されたレベル）
B：ほぼ満足できる業績であった
（多少の問題はみられても、期待し要求する基準には達したレベル）
C：業績に対してはもの足りなかった
（期待し要求する基準を下回ったレベル）
D：業務に明らかに支障がでてしまった
（今後の目標設定にあたって変更を余儀なくされた）

ポイント設定基準例

S：100 P
A：80 P
B：60 P
C：40 P
D：20 P

第４章

高年齢者活用事例

定年後再雇用制度（シニア制度）
〔ＩＴ業界Ｈ社〕

この章では高年齢者雇用の事例からみていきたいと思います。以下は、複数の企業へ行ったコンサルティング事例を合成したものです。内容としては高年齢者雇用安定法の改正施行前のものもありますが、法改正を前提にして見直しを進めていったものです。

コンサルティングの背景

中心となるのは、機械製品のソフト設計と技術開発を行うH社です。従業員規模は百数十名ですが、うち再雇用者が40名ほど在籍していました。

また職種としては、システムエンジニアや機械設計を中心とした技術職と、一部の製造職（技能職）と間接部門からなっていました。

また定年は、制度改正時は60歳となっていましたが、経営トップとして5～7年程度をかけて65歳まで延伸していきたいという考えを明確に持っていました。シニアについてはこれをベースとして人事制度を見直したいとのことでした。

コンサルティングは、まずは正社員の人事賃金制度改革から行いました。これは、一言でいえば、長年にわたる年功序列的なものから職務を意識した（いわゆるジョブ型）等級制度への見直しであったといえます。正社員の制度改革を終えると同時にシニア制度改革に取り組みました。この理由として、定年後の再雇用者はいうまでもなく、これに続く50歳代の高年齢者も多いなど平均年齢も上がってきつつあり、シニア制度の再構築が急務であったことが挙げられます。すなわち、コンサルテーマとしては「70歳雇用をも見据えた定年後再雇用者の人事賃金制度の再構築（脱身分化）」を挙げた次第です。

課題としてはいくつか挙げられていましたが、人員構成上20代から30

代の若い社員が少なく、専門技術者を中心に人材不足が顕著になってきており、シニア層の有効活用が避けられない状況となっていました。しかしながら、これまでの制度は、定年時点の役職によって再雇用後の賃金処遇が決定される仕組みとなっており、きわめて硬直的なものでした。健康でできる限り長く働きたいという者もいる一方で、定年後はほぼ一律に４割程度ダウンすることもあり、やる気をなくしてＨ社での再雇用を希望しない者も少なからずいたという事情もありました。

労働時間や休暇など個々の要望を踏まえて選択肢をできるだけ多く持ち、柔軟に対応できるようにしたものです。

言い換えると、定年前の処遇に縛られることなく、また将来の定年延長のみならず定年制そのものが廃止となっても耐えられる、すなわち年齢を超えてエイジレス時代を見据えた制度を目指そうとしたものといえます。

経営トップの強い意志のもとで、“中長期的には将来の事業構想を念頭に大胆に、短期的には足元をみてより細心に”をスローガンに掲げて改革に取り組んだものです。このように、改定にあたっては、ソフトランディングかハードランディングかの違いはありますが、経営トップのリーダーシップが欠かせないといえます。

2 基本人事制度

基本となる人事制度は「役割基準をベースにした、シニア役割等級制度」と称し、以下のとおりとなります。一番には定年までの正社員の人事賃金制度との整合性を考慮しました。

先述のように定年前の正社員の人事賃金制度の再構築を先に進めましたが、定年後再雇用者の方を一足先に仕事基準の役割給を導入したという経緯があります。そのための基本運用基準としての役割基準書については部門・職種ごとに煮詰めていったことがポイントとして挙げられます。

また定年後ということもあり、会社が期待する人材には魅力的でより長く働ける制度とし、これを目指して若い人も付いてくる仕組みづくりに心がけました。当初の思惑より制度が少し複雑になったという感はありますが、運用を重ねていくうえで見直しを重ねていくことを考えています。

●図表３-16

項目/等級	G１級	G２級	S１級	S２級
基本となる業務	○複数にわたる種類の業務を担当し、標準的な作業量を完遂することが期待される。 ○まれに例外的な業務を担当することがある。	○同時に複数の種類にまたがる業務を担当し、プロジェクトリーダーを補佐する。 ○標準よりも多い作業量をこなすことが期待される。 ○例外的な業務に従事することもときにある。	○プロジェクトリーダーを補佐して業績目標の達成に貢献する。	○プロジェクトを遂行し、その結果としての業績責任まで負う。
担当する職務例	○担当分野におけるシステム設計を行う。 ○新規作成および改良済みのプログラムについてテストデータを作成し、実行結果を検証する。 ○運用上の留意点を記述した運用手順書の原案を作成する。	○システム化対象分野の業務の特性や要点を把握したうえで、担当分野について独自でシステム設計を行う。 ○システム化対象分野の業務改善案の提案を行う。 ○新規作成プログラムについてテストデータを作成し、実行結果を検証する。 ○運用上の留意点を記述した運用手順書案を作成する。 ○改良による効果について予測を行う。 ○改良の対策となる手順およびプログラム案についてとりまとめ、改良を行う。	○単位分野について独自でシステム設計を行う。 ○システム化対象分野の業務の特性と要点を把握している。 ○システム化対象分野の業務改善案の提案を行う。 ○関係先に対して運用指導およびトラブル発生時には適切な復旧作業を行う	○ときに複数分野において、対象業務の特性を踏まえたシステムの基本および詳細設計を行い、かつシステム間の連係を図る。 ○上長の指示に基づき、運用マニュアルを作成する。 ○開発したシステムが正しく運用されているか自ら確認を行う。 ○誤った運用をしている場合には、問題点および改善案を上司および関連部署へすみやかに報告のうえ、改善を図る。 ○ハード、ソフトの障害が発生した場合は、関連部署と連携してシステムの復旧を行う。 ○システム状況を総合的に把握し、過不足が発生する場合には対応策を提案し、実行する。

	S 3級	M I級	M II級	M III級
	○主にプロジェクトリーダーとして担当し、その結果としての業績責任を負う。	○課長並みの業績貢献が求められるとともに、小組織の管理業務を円滑に実行する責任を負う。	○次長並みの業績貢献が求められる。部門の方針を策定して中組織の統括責任者としての役割を担う。	○部長並みの業績貢献が求められる。部門の方針を策定して大組織の統括責任者としての役割を担う。
	○複数分野において対象業務の特性を踏まえたシステムの基本および詳細設計を行い、かつシステム間の円滑な連係を図る。運用マニュアルを独自で作成する。 ○ハード、ソフトの障害が発生した場合は、関連部署と連携してシステムの復旧を自ら早急に行う ○システム状況を総合的に把握し、対応策を自ら提案し、すみやかに実行する。 ○プロジェクトメンバーに対して、単位システム設計およびプログラム仕様書作成に関する技術指導を行う。 ○プロジェクトメンバーに指示した単位分野のシステム開発について、メンバーが期限までに終了させるよう指導を行う。	○個別の職務記述書に基づく。(課長並み / 年間予算△△△百万円)	○個別の職務記述書に基づく。(次長並み / 年間予算△△△百万円)	○個別の職務記述書に基づく。(部長並み / 年間予算△△△百万円)

項目/等級	G１級	G２級	S１級	S２級
職務上必要な能力および経験	○実務を担当する正社員と同じ実力が要求される役割を担う。 ○割り当てられた仕事を標準的な速度で遂行する。	○実務を担当する正社員と同程度の実力が要求され、職務の一部が主任の役割に及ぶことがある。 ○複数の作業を迅速に処理するための能力と経験が求められる。 ○新たな分野に対応できるように研修等に参画して取得した資格を活かし、自身で新しい技術を習得して職務を遂行する。	○正社員の主任レベルの実力が要求される役割を担う。	○正社員の係長レベルの実力が要求される役割を担う。
業務指示の対象者	○業務経験のほとんどない社員に指示を与える程度。	○業務経験の浅い社員に指示、助言を与える程度。	○単独で業務を遂行するが、プロジェクトのサブリーダーとして2、3名程度に指示を与える。	○単独で業務を遂行することもあるが、4、5名程度のプロジェクトを率いることが期待される。
新規性・創造性	○新規性や創造性が求められる業務は必ずしも前提としてはいない。	○ときに新規性や創造性が求められる業務を担うことがあり、工夫が求められる。	○ときに新規性や創造性が求められる業務を担うことがあり、工夫と個性の発揮が求められる。	○これまでの経験の延長での業務を多く担当するが、ときに経験のない分野の業務を担う機会もあり、その際には独自性や創造性の発揮が求められる。
人材としての代替性	○同程度の業務を担う人材を社内から異動などで登用することは十分可能である。	○同程度の業務を担う人材を採用することはそれほど困難なものではない。	○同程度の業務を担う人材は少なからず存在する。	○同程度の業務を担う別の人材は存在するが、少数である。

	S 3級	MⅠ級	MⅡ級	MⅢ級
	○正社員の係長レベルの実力が要求される役割を担うとともに、一部は課長の役割まで及ぶ。	○正社員の課長級の実力が要求される管理職業務を担う。	○正社員の次長級の実力が要求される管理職業務を担う。	○正社員の部長級の実力が要求される管理職業務を担う。
	○単独で業務を遂行することもあるが、5、6名程度のプロジェクトを率いることが期待される。	○課（セクション）など小組識のライン長の役割を担う。	○10～20名程度の中組織のライン長の役割を担う。	○20名以上の大組織のライン長の役割を担う。
	○これまでの経験を超えた分野も担当し、独自性、創造性や総合的な企画力を必要とする業務を担当することも少なくない。	○ときに課長級としての専門性、独自性や企画力が求められる。	○次長級の専門性、独自性や企画力が求められ、業務改善の施策を自ら立案するとともにその実行責任を負う。	○業界でも一目置かれるくらいの高度な専門業務を担当し、会社を代表するユニークな専門性、独自性、企画力が求められ、会社経営全体に関わる改革を立案し運営責任を担う。
	○同程度の業務を担う他の人材の存在はあまり期待できず、確保することに困難が予想される。	○ライン管理職としての豊富な経験が求められる人材である。 ○専門職：関連資格やスキルが求められ、当社の技術をけん引する人材である。	○ライン管理職；ライン部長級としての経験からの即戦力が期待される。 ○高度専門職；高度資格やスキルが求められるために余人をもって代えがたい当社の技術レベルを代表する人材である。	○ライン管理職；大組織のライン部長級または中小企業の役員としての豊富な経験からの即戦力が期待される。 ○特別専門職；きわめて特殊な資格（技術士など）、スキルが求められるために余人をもって代えがたい、まさに業界全体の技術者としての貴重な人材である。

項目/等級	G1級	G2級	S1級	S2級
精神的・肉体的負担	○日常の定型的な担当実務を担ううえでの負担感がある。	○実務を担ううえでの課題解決や納期対応などにおいて一般的に予想されうる負担感がある。	○応用的な実務を担ううえでの課題解決や納期対応などにおける負担感がある。	○指導職ならではの対人関係などによる緊張感や疲労感がある。
対人関係・対外交渉	○顧客や業者に対して当社の意図を伝え、説明するための基本的なコミュニケーション能力が求められる。	○顧客や業者に対して当社の意図をすみやかに正確に伝え、説明するためのコミュニケーション能力か求められる。	○対外的な交渉にあたるとともにプロジェクト内の意思疎通を円滑に行うことが求められる。	○プロジェクトを遂行するうえで必要な折衝、調整を業者と行う交渉力が求められるとともに、プロジェクト内でのコミュニケーションの中心となる役割を担う。
指導・育成	○新人のアルバイトに対して、自ら得た知識と経験から日常定型業務の一部について助言を行う。	○後進に対し、必要に応じた助言、指導が期待される。	○指導職として日常的な業務指導が期待される。	○指導職として年間のＯＪＴ計画に基づいた業務指導が期待される。
裁量の度合い	○職務遂行上の必要があるときには、遅滞なく上長に報告、連絡、相談する。	○日常の実務についてはほぼ任されているが、必要なときには遅滞なく上長に報告のうえ、判断を仰ぐことが求められる。	○指導職として日常業務についてはある程度裁量が委ねられている。 ○他への影響があるときには上長に報告のうえ、判断を仰ぐことが求められる。	○指導職として定例的な年度業務については裁量が委ねられている。 ○影響が大きいときには上長に報告のうえ、包括的な判断を仰ぐことが求められる。
クレーム・トラブルへの対応	○一般的に予想しうるクレーム・トラブルに対しては上司の指示を仰ぎながら一次対応を行う。	○一般的なクレーム・トラブルに自ら初期対応を行う。	○一般的なクレーム・トラブルに自ら対応を行い、今後の未然防止に向けて自らの立場から検討を行う。	○担当職務全般に関わるクレーム・トラブルについて自らが対応し、改善防止策についても企画立案を行う。
信頼度	○日々の担当業務を誠実に遂行することで信頼度を高めることが期待される。	○年間業務を計画的かつ誠実に遂行することにより信頼度を高めることが期待される。	○指導職として社内で信頼を得ており、担当業務を円滑に遂行することによりいっそう高めていくことが期待される。	○指導職として、社内は言うまでもなく顧客や取引先からも信頼を得て担当業務を円滑に遂行する。

	S3級	MⅠ級	MⅡ級	MⅢ級
	○指導職として、クレームやトラブルなどのイレギュラーな状況の変化に対応するための緊張感や疲労感がある。	○小組織の管理職として、組織で発生するクレームやトラブルなどのイレギュラーな状況の変化に対応するための緊張感や疲労感がある。	○中組織の管理者として対外交渉、部門全体に関わるクレームやトラブルへの対応を始め、組織マネジメントおよびときに役員や部長を代行するための負担感がある。	○大組織の管理者として対外 交渉、会社経営全体に関わるクレームやトラブルへの対応を始め、組織マネジメントのための負担は恒常的で、かなり大きい。
	○プロジェクトを遂行するうえで必要な折衝、調整を業者と単独で行うための交渉力が求められるとともに、プロジェクト内でのコミュニケーションの維持、向上まで求められる。	○顧客、監督官庁と良好な関係を保ち、交渉や調整の任にあたる。 ○社内ではコミュニケーションを円滑にして組織の活力を高めることまで期待される。	○これまでの経験から社内外の人脈を活かし、部門を代表して高度な交渉を担う。 ○会社経営において広く部門内での調整を通じての組織の活性化が期待される。	○これまでの豊富な経験から外部人脈を活かし、会社を代表して高度な交渉を担う。 ○会社経営においては部門を超えた調整を通じて活性化からの業績向上を期待される。
	○これまでの豊富な経験を広く活かせる指導役として後進の指導、育成にあたる。	○管理職の立場から指導を重ね、長期的視野での育成にあたる。	○部下の業務指導はもとより、スキルアップやキャリア形成の任にあたる。	○会社全体の経営の観点から、専門職・管理職・管理職候補への長期的視野での育成とキャリアアップの任にあたる。
	○決裁基準に規定されていないところで、職務遂行上必要な事項について遅滞なく判断を行う。	○管理職のなかで課長級として組織運営に必要な事項を起案し、決裁基準に則って判断して上司に意思決定を求める。 ○決裁基準に規定されていない事項は実務遂行上遅滞なく自ら判断を行う。	○組織運営に必要な事項を起案し、決裁基準に則って自ら意思決定を行う。 ○決裁基準に規定されていないことは、担当業務の範囲で遅滞なく自ら的確に判断を行う。	○経営職として会社運営に必要な事項を起案するとともに、すみやかにかつ的確に自ら意思決定を行う。
	○予想されないきわめてまれなクレーム・トラブルについても自ら中心となって対応し、改善防止策を企画立案する。	○課などに影響を及ぼすクレーム・トラブルに自ら対応し、改善防止策を企画立案し、実行する責任を負う。	○部門全体に影響を及ぼす重大なクレーム・トラブルに自ら対応し、改善防止策をとりまとめ実行する責任を負う。	○全社的に影響を及ぼす重大なクレーム・トラブルに自ら対応し、改善防止策をとりまとめ実行する責任を負う。
	○指導職として、社内・顧客および取引先からの厚い信頼のもと、担当業務を円滑に遂行する。 ○業績向上に向けて自らが貢献する	○管理職として社内外の信頼の向上からチームのモチベーション向上に役立てる。	○管理職として対外的な信頼の向上から組織の業績向上に貢献する。	○経営職として社内外の厚い信頼のもとに企業経営に役立て業績向上に結び付ける。

また、H社では、定年後の賃金は、定年時に管理職か非管理職であったか、また何等級に所属していたかによって決まる身分的で硬直的なものとなっており、実際に担当する職務と賃金が対応していなかったことが大きな問題となっていました。これを定年時の役職にはこだわらない制度へと見直したものです。

あわせて、改定前の状況をみると、定年後再雇用者についてはもっぱら実務作業を中心に指導的な役割が少なく、必ずしもこれまでの経験を活かした業務を担当していないことが問題となっていました。また定年後には賃金が大きく下がり、モラールダウンを招くとともに周囲もいわば上がった人と見られていたようです。

これからの70歳雇用時代を見据え、これまでの技量経験を十二分に発揮して、やる気がでる人事賃金体系へと全社一丸になって見直しを図りました。

階層ともいえるコースについては、ジェネラルコース、スーパーバイザーコース、マネジャーコースの３つのコースを設定しました。ジェネラルコースは実務中心でさらに３つの区分（級）、スーパーバイザーコースは指導・監督及び企画的業務が中心で３区分、マネジャーコースは部下を持ち組織管理責任のあるライン管理職とする３区分の構成となります。これまでとは異なってより緊張感をもって勤務に臨んで欲しいという願いもあり、新たな呼称としたものです。

改定導入時点の対象年齢は65歳まででしたが、さらに70歳まで、場合によっては年齢を問わないエイジレスにも対応できることを考慮して設計しました。年齢にかかわらず期待に応えて貢献できる人には、やる気が出てやれば報われる仕組みとしたのです。

また、契約期間は１年間として、更新できるものとしました。

労働時間

柔軟な働き方をモットーに、ジェネラルコースについては週４日勤務、または１日１時間短い７時間勤務を認めることとしました。スーパーバイザーコースは、本来フルタイムを前提としていましたが、事由によっては個別にジェネラルコースと同様にパートタイムも認めるものとなっています。また労働時間については、導入後も引き続いて対象者の要望なども聞き、さらに選択肢を増やす方向で考えています。

人事評価制度

これまで正式な評価制度がなかったシニア社員についても新たに評価制度の導入を図るとともに、正社員に実施している目標管理制度を限定的ではあるものの一部取り入れ、課題達成度を重視し成果主義の考え方をよりストレートに反映できるもののとしました。１年間の総合評価の結果を見て、コース、役割給の変更及び賞与に反映させていくものとしました。

賃金制度の設計

1. 賃金の考え方

賃金では、正社員以上に役割給（職務給）の考え方を明確に打ち出しました。これに関連して50歳からのモデル賃金カーブについて引き直すことから始めました。

定年までの正社員は職能給を中心とする賃金制度となっていましたが、シニアについては担当職務の大きさと責任の度合いに応じた役割給一本としていく考えとしました（ただし、移行時はシニア基礎給として一部を残すものとしました）。

また、年俸制に近い年収管理制と位置づけるとともに年に2回の賞与で月例賃金の調整的機能を持たせるようにしたものです。これによってこれまでよりもかなり大きくメリハリがつくものとなっています。

このような方針としたのも、シニアについては能力ややる気を始めとして担当職務についても個々の差がかなり大きいこと、同一労働同一賃金の観点からも、結果としてより個別に決定できる制度が実現可能とみたことによります。

あわせて、これまでは定年直前の水準よりも4割程度と大きくダウンするものであったために、今回の総合的な見直しを行なっても、下がる社員がほとんどいなかったことが幸いだったといえます。

なお、H社は定年後の労働組合員もおり、移行期間についてはシニア調整給を設けて混乱が起きないように十分に配慮しました。これにより、移行時はこれまでのシニア制度より下がる者は一人も発生しないように心がけました。

また、マネジャーコースにおけるライン管理職については、人数も限られていることもあり、職責に応じて正社員と遜色のない水準としたため、これまでよりも大幅なアップとなるようにしました。ただし、管理職任命期間を1年として（一定の条件のもとに更新有り）、身分として継続するものではないことを明確にした次第です。

《資料》

「（H社）シニア賃金規程」

第１条　この規則は、シニア制度に基づいて、定年後の再雇用者に支給する賃金に関する事項を定めるものである。本規程に記載のない事柄は、賃金規程に準ずるものとする。

（職務コース）

第２条　本制度では基本コースG、L、Mコースとそれぞれに３つの区分（級）を設けるものとし、その職務概要について以下の通り定義する。

（１）Gコース（実務担当職）

定年までの経験を活かし、割り当てられた現業もしくは事務的業務を遂行する。

勤務時間はフルタイムの60％以上を条件とする。時間外労働や出張を命ずることがある。

G－1：単純で定型化された業務を遂行する役割を担う。

G－2：実務を担当する正社員と同等の実力が要求される役割を担う。

G－3：実務を担当する正社員と同等の実力が要求され、職務の一部が主任の役割に及ぶことがある。

（２）Lコース（指導職）

会社の基幹業務のリーダーやそのサポート役として高度な実務を担いつつ、定年までの経験を活かして後進の指導的な役割を果たす。勤務時間はフルタイムの80％以上の勤務を条件とする。また、時間外労働や国内出張を命ずることがある。

L－1：正社員の初級指導級の実力が要求される役割を担う。

L－2：正社員の係長級の実力が要求され、職務の一部が課長の役割に及ぶことがある。

L－3：正社員の中級指導級の実力が要求される役割を担う。

（３）Mコース（管理専門職）

定年後も管理職及び限定された高度専門職としての役割を担う。担当職務の大きさ及び職責の重さにより３つの級を設ける。

原則としてフルタイム勤務とする。国内外の出張を命ずることがある。

M－1：正社員の課長級の実力が要求される管理職の職務を担う。及びこれに匹敵する高度専門職としての職務を担う。

M－2：正社員の次長級の実力が要求されるライン管理職の職務を担う。

M－3：正社員の部長級の実力が要求されるライン管理職の職務を担う。

(賃金の種類)

第3条　賃金体系および賃金の項目はつぎのとおりとする。

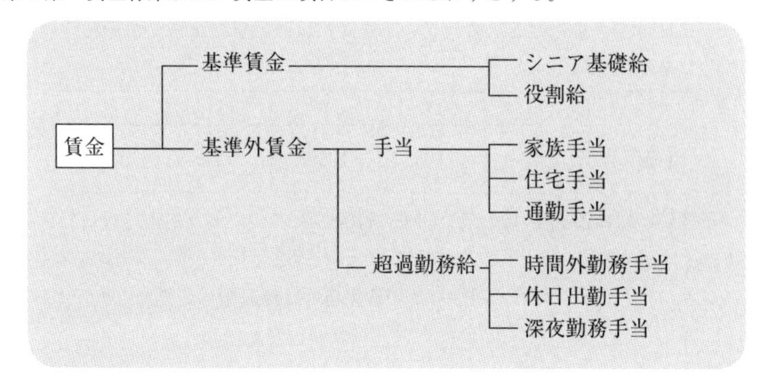

(シニア基礎給)

第4条　シニア基礎給は職能コース（G、L、Mコース）とそれぞれの級ごとに設定された、初号額から一次昇給上限額の間で、原則として定年前までのこれまでの実績に裏付けられた真の実力を勘案して決定する。

(役割給)

第5条　役割給は、ポスト及び担当する職務に関する責任度や要求される専門性に関するレベルに基づいて決定する。役割基準、金額については正社員と同等とする。

(諸手当)

第6条　家族手当、住宅手当については、正社員と同等に支給する。

2. 通勤手当については、通勤費補助規程に基づき補助を行なう。ただし短時間勤務形態の場合は、出勤日数を勘案し定期券による交通費とするか実費とするかを決定する。

(超過勤務給)

第7条　超過勤務給は、時間外労働、休日労働に対して支給するものとし、支給率は正社員と同等とする。超過勤務給の基本額はつぎの算式による。

算定基礎額＝シニア基礎給＋役割給＋住宅手当

2. 管理職については、午後10時を超え翌日午前5時までの深夜に勤務した場合、月毎に割増時間を集計し割増賃金を支給する。割増賃金については正社員と同等とする。

（評価）

第８条　正社員と同じ時期に、成績・勤務態度評価（年２回）を行い、総合評価に従って評価係数を求め、シニア基礎給に評価係数を乗じ次契約時のシニア基礎給を決定する。

	S	A	B	C	D
評価係数	120%	110%	100%	90%	80%

２．正社員と同様、人事評価の最終結果（評価段階）については本人に対してフィードバックを行なう。

３．職務コースに変更がある場合は、契約更新の３ヵ月前に告知するものとする。

附　則

１．この規程は△△年４月１日から実施する。

2. 役割給の重視

基本給はシニア基礎給（一部）と役割給の二本建てとなります。シニア基礎給については、毎年の総合評価によって以下のとおりアップダウンさせるものとしました。ただし、シニア基礎給については数年かけて役割給に移行し、100％役割給とする予定でいます。

前年 総合評価	S	A	B	C	D
査定反映	+10,000	+5,000	±0	0 ～-3,000	-3,000 ～-10,000

［単位；円］

3. 退職金の検討

また、定年後の退職金制度についても現在検討しています。退職金については、分離課税のメリットを活かして、正社員の退職金制度の見直しに合わせて貢献度を反映できる成果主義型のものとする予定にしています。また、これを進めていくうえでは、毎期の人事評価も反映できるポイント制の退職金制度の導入を考えています。

今後に向けて

定年前の正社員の人事賃金制度改定は、労働組合への説明と理解をどうするかを含めて難しい課題となります。一方でシニア社員については生活給という見方から脱却できるとなれば、むしろ正社員よりも先にスムーズに成果主義改革を進めることができるといえます。

一番の課題が、定年時の前の正社員時代との違いを明らかにして本人に納得してもらうことでした。シニアとなると、なかには健康不安を抱える者も出てきたりして、家庭の事情や賃金についての要求も個々によって異なってきます。これらのシニアならではの特性を十二分に活かすように、一般の技能職業務、事務職業務、後輩への技術伝承やチームのとりまとめ業務、さらには管理職業務まで、賃金処遇体系を始めとしてまずは仕事を中心に整理を行いました。当然ながら、このことに意識が向くように説明、面談や教育などを並行して行っていく必要があります。

70歳就業とはいうものの、事実上の70歳定年と言われています。仮に70歳定年制、さらに定年廃止になったとしても十分対応できる制度が求められているといえます。年齢ではなく個別に対応できる人事制度を念頭に置くがゆえのものです。

50歳、60歳時と比べて、その後賃金が上がる者はかなり限られてくることは否めませんが、維持する場合、下がる場合であっても納得ができる、そのためにも選択肢を用意したうえでの合理的な仕組みが求められると思われます。賃金については、扶養家族もいないか、または少ないということもあり、生活給としての見方が薄くなることのメリットにもより注目してよいと思われます。

H社のエンジニアのなかには、他の競合他社からみても傑出した技術専門職もおり、今後は、高度専門職を意図しての正社員と再雇用者を超えた「専門職年俸制」の導入も考えています。

また、H社では、新型コロナウイルス対策の一環として全社的に在宅勤務制の導入を与儀なくされましたが、これは、シニアの方がスムーズに導入できるのではないかと考えています。

その理由として、夫婦二人暮らしも多く、自宅のスペースからみても比較的余裕があること、長年の付き合いで能力や人柄、職務適性などもよくわかっていることなどが挙げられるかと思います。

さらに今後は在宅勤務を中心として、サテライトオフィス、遠隔地勤務、ワーケーションなどについても視野に入れていきたいと考えています。

第５章

高年齢者活用事例

定年後再雇用・業務委託制度
〔土木建設業Ｎ社〕

1 コンサルティングの背景

建設業のN社は関東に本社があり、あわせて地方に5カ所の支店展開を図っています。社歴としては長く、技術は確かで泥臭いながら専門職集団ともいえます。

受注は民間企業からもありますが、多くは官公需中心となっています。業種からして1年間における繁閑の差も大きく、その時々の地域による違いも大きいものとなっています。その結果、助勤制度と言って、宿泊所を手配したうえで比較的若い従業員を中心に長ければ半年間にわたる長期出張を発令してバランスをとってきたという経緯も伺えます。

また一部は、他社との合併によって編入された支店もあり、地域による特性の違いも大きいものとなっています。支店によっては持ち家で夫婦共働き、また農業等を営む両親が同居またはごく近隣に住んでいる場合も多く、その結果、賃金水準そのものはそれほどこだわりがなく、働きやすい職場であることを一番の魅力として挙げる者も少なくありません。ときに介護などで仕事を一時的に離れる者もいましたが、家族主義を掲げる社長の人柄もあって再度雇い入れるということも行ってきました。いわば組織風土自体が「働き方改革」を掲げる今の時代を先取りしてきたともいえるでしょう。

実際のところ本社では若い社員が多いのに対し、地方支店をみると土木建設という仕事が好きで地元での人間関係を大事にして、当社の組織風土に共感を覚えた者が、健康でさえあれば結果的に長く勤務してきたことにより、豊富な人脈を持ち経験を次の活かせるという良い循環に働いてきたという経緯が伺えます。一方でその結果、平均年齢もかなり高くなってきていることが課題にもなっています。

基本人事制度

1. 定年制

これまでも従業員が定年を意識することはあまりなく、実質的なエイジレスの状況できたといえます。制度としての定年制を廃止することまでは考えていませんが、今回の高年法改正を踏まえて、就業規則では60歳定年のところを、3年かけて65歳まで延長する予定です。段階別の定年延長を進めるということになったのも既に再雇用制に入った若干名に対する処置の調整をスムーズに行いたいということが理由です。

2. 等級制、地域限定社員

高年法改正を機にシニア制度を策定しました。軽作業から管理職相当まで大括りにした4等級を設定しています。

またN社の施工部門は、ときに転勤もあり、また事業所によって季節性の業務も少なからずあって繁閑の差が大きく、長ければ6カ月にもわたる長期出張がも多く発生します。これを定年になれば転勤や長期の出張から解放されることを基本方針としました。すなわち、基本的には勤務先は自宅からマイカーで通勤できるところに限定されることになります。

3. 役職呼称

一応、部・課長制はとってきたものの、社内での役職位についてはそれほど重要ではなく、以前より社長から若年の中途社員に至るまで「さん付け運動」を実施してきた経緯があります。土木建設業の場合、工事ごとの工事現場の施工責任者を誰が担当するかということが重要であり、あとはあくまでも名刺にどのように表記するかだけの問題という見方がなされていました。社長が言うところでは、うちみたいな中小企業は「それで箔が付くのならば、40歳を超す頃には○○部長と刷ればよい」という考え方できたのが実情です。

4. 労働時間

60歳を過ぎてからは、平均して週30時間勤務を念頭において所定労働時間については短くしていくことも選択肢のなかに取り入れています。

3 人事評価制度

目標管理制度というおおげさなものではありませんが、とくに施工部門と営業部門においては、従前からの方針管理のもと、会社の年度方針を踏まえて部門や事業所ごとに業績予算目標を設定し、精緻なものではありませんがこれを個別目標にまで落とし込む仕組としました。

また、評価表は工事ごとの完成状況や長年にわたる施工主からの評価を踏まえたシンプルなものを活用しています。なお、これまでは部長や60歳以上の高齢者に対しては制度としての評価を実施していませんでしたが、これをシニア用に見直したうえで実施する予定にしています。

賃金処遇制度

1. 基本給、手当、賞与制度

月例賃金については、50歳を過ぎると定昇（定期昇給）という概念は無くしました（個々の状況昇給することはあり）。

賃金水準はそれほど高い方ではありませんが、担当職務（所管の工事）によって区分しています。

なお、施工の場合には現場監督職、指導職、一般作業職の３つの区分で決定しています。工事ごとの、予算、工期、責任度、困難度の４項目から総合的に決定するものとしています。

あわせて、業務に関連する資格取得を積極的に推し進めてきており、取得後に業務へ活かす場合には毎月の手当を支給しています。資格の代表的なものとしては土木施工管理技士、建築士、建築施工管理技士、測量士などが挙げられます。また、自己啓発の意味合いも含めて動機づけるために実習や受験当日には特別有給休暇を付与するとともに、交通費や日当の支給などの便宜も図ることとしました。

また、月例賃金のみならず年に２回乃至３回の賞与を含めて年間賃金で決定する仕組みとしています。賞与では今回、業績評価をこれまで以上に大きく反映した合理的な制度へ整備しました。

現在65歳以上の従業員も若干名いますが、一部のベテランの技術者を除いて、賃金水準をみると定年前の従業員と比較すると金額は少ないものの、採用難による人材不足を背景にこれからは若手に技能やノウハウの伝承を中心に担ってもらうことを考えています。とくに安全管理を重視して、肉体的負担にはならないよう配慮しながら工事現場に立ち会わせることも行っています。

2. 福利厚生制度

高年齢者が増えてきたことから、健康管理にもこれまで以上に注意を払っています。医師の診断書をもって担当職務や労働時間の決定にも反映したうえで、契約を更新することとしています。

また、マイカーや社用車を使って長い時間を運転することもありますが、以前に交通事故が発生した苦い経験もあり、その後はドライバーの交替や休憩時間を適切にとり、週末の帰省は列車によるものとするなど、計画的に、こまめな指導を行っています。

業務委託制度の確立

以前に定年で退職して故郷に帰った元従業員に対して、通勤が困難になったことから業務委託契約を締結して対応したという実績があります。そのときは一時的なものでしたが、まさに土木建設会社の施工のベテランだからこそ可能といえるかと思います。

今後も人材・人手不足が続くことが予測され、基本は70歳までの再雇用制度のもと、一部の技術者に対して業務委託制度の確立を図っているところです。

職種も広げて、顧客営業、事前調査なども対象とすることを検討していますが、年間委託料金に至る細かく具体的な基準を設けることが課題となります。

今後に向けて

中小企業として、規程を含む制度面ではシステム化されているとは言いがたい面がまだまだあります。とくに、長年勤務していた「生き字引」のような取締役管理本部長が退職してからはこの傾向が強いのですが、コンサルタントの力を借りて地方の雄たる中小企業として模範企業を目指していきたいと考えています。

高齢者※

国連の世界保健機関（WHO）の定義では、65歳以上を高齢者としている。

総務省（2022年9月調査推計）によると、日本の総人口は前年に比べ82万人減少している一方で、65歳以上の高齢者をみると、前年よりも6万人増えて、過去最多の3627万人となり、総人口に占める割合も29.1％と過去最高になったとのことだ。

私ごとで恐縮だが、今年2022年7月をもって67歳になった。多くの企業の定年年齢である60歳に到達したときはそれほどの感慨はなかったが、65歳になったときにはさすがにもう高齢に入ったのだと強く感じたところがあった。さらに昨年、大きな手術を経てあらためて残りの人生をどうしたものかという思いが強くなった。

四分の1世紀も昔のことだが、シンガポールを訪ねた際にマクドナルド店に入った。スタッフのほぼ全員が60歳以上と見かけたとき、日本では10代のまだ黄色い声がとびかっているのにと、雰囲気が大きく異なることに驚いた覚えがある。

また、数年前にベトナムを訪ねたときには、蜂の群れのようなバイクと飲食店の前にたむろする無数の若いカップルを目の当たりにして、平均年齢が若いというのはこのような社会現象をいうのかとあらためて驚かされた。日本で急速に老齢化が進んでいることをあらためて実感した瞬間だった。

定年後はマレーシアに移住し、退職金と年金でもってゴルフ三昧のいい暮らしをしたいと話していた先輩もいたが、長引くコロナを経て、しかも円がこれだけ安くなると難しくなってきたのではないだろうか。

これからの雇用は、女性と高齢者、外国人にかかっているとも言われている。なかで高齢者に焦点を当てると、住宅ローンの支払いを終え、子育ても終わった層を念頭におけば、賃金水準はそれほど期待せず、やりがいや仲間との交流を重視する、労働市場からしてこんなに良い商品は他に見当たらないのではないか？

最近、定年を経て何か縮こまってしまい、何とももったいない人を多く見かけるようになった。わがままで頑固、しかも個人差が大きく外れもあり、というデメリットは差し引いたとしても、社会全体からすれば得る方が大きいと思うのだが…。

（※“高齢者”は広く一般的に使われる用語であり、これに対して“高年齢者”は、高年法など法規を中心に使われる用語となる。）

第４編

70歳就業に向けた運用

第１章

高年齢者がより働きやすい職場へ

施設・設備・機器のハード面の整備

これからの高年齢者雇用を考えるにあたり、制度面のみならず日々の運用が大変重要になってきます。高年齢の雇用者が年々増加するにつれて、最も重要になってくるのが安全管理といってもよいでしょう。

というのも、労働災害による休業が4日以上となる死傷者数のうち、60歳以上の労働者が占める割合は増加傾向にあります（2018年は26.1％となっています）。

また、労働者千人当たりの労働災害件数は、高年齢層は若年層と比べて高くなってきています（25～29歳と比べ、65～69歳では男性が2.0倍、女性が4.9倍にもなっています）。

まずは高齢社員を念頭においた環境の整備も必要となります。例えば、生産現場における技能職などでは以下の整備が求められます。

① 人間工学からみた機械化

若い人であれば問題がなくても、腰や肩など高年齢者にとって負担になる作業について人間工学から新しい機械を導入したり、補助具を設けたりすることが考えられます。

② 作業負担の軽減

①にも関連しますが、立作業を座作業へ変更したり、作業手順を見直したりすることなどです。

③ 安全管理体制の強化

労働安全衛生法からも、ヒヤリハットの面からも高年齢者の面からとらえていく必要がでてきます。あらためてミスを防止するチェック体制を点検し強化することも考えられます。

④ 目にやさしい職場

照明の明るさや位置などを見直す必要があります。また必要なところにルーペを設置するなども挙げられます。

安全と健康確保

厚労省から、2020年3月に「高年齢労働者の安全と健康確保のためのガイドライン」（エイジフレンドリーガイドライン）が公表されています。このなかの重要なところを追ってみましょう。

このガイドラインは、高年齢者が安心、安全に働ける職場環境づくりや労働災害予防を目的として、高年齢者の健康づくりを推進するために、企業が取組むべき事項を示したものです。

事業主は、高年齢者の就労状況や業務内容に応じて、行政支援も活用しつつ、労働災害防止対策に積極的に取り組むように努めるものとしています。高年齢者もこれに協力し、自らの健康づくりに積極的に取り組むよう努めるものとなっています。また、これについては、雇用契約者だけでなく、請負契約者にも広く参考とすべきとなっています。

事業者に求められる取組みは以下のとおりです（これらの 1. ～ 5. については法令で義務付けられています）。

1. 安全衛生管理体制の確立等

・経営トップ自らが安全衛生方針を打ち出し、担当する組織や担当者を指定。

・高年齢者の身体機能の低下等による労働災害についてリスクアセスメントを実施。

2. 職場環境の改善

・照度の確保、段差の解消、補助機器の導入等、身体機能の低下を補う設備・装置の導入

・勤務形態等の工夫、ゆとりのある作業スピード等、高年齢労働者の特性を考慮した作業管理

3. 高年齢者の健康や体力の状況の把握

・健康診断や体力チェックにより、事業者及び高年齢者の双方が健康や体力などについて客観的に把握すること

4. 高年齢者の健康や体力に応じた対応

・健康診断や体力チェックを通じて把握した高年齢者の健康や体力に応じて、安全と健康の点で適応する業務をマッチングさせること
・集団及び個々の高年齢者を対象として身体機能の維持向上に取り組むこと

5. 安全衛生教育

・写真や図、映像等の文字ではない視覚情報も活用した教育を実施すること
・再雇用や再就職等により未経験の業種や業務に就く場合には、より丁寧な教育訓練を行うこと
※ 経済財政運営と改革の基本方針では、「サービス業で増加している高年齢者の労働災害防止のための取組を推進する」ことが盛り込まれています。

◆職場環境の改善に向けて

設備や装置を設けるなど、ハード面の対策についてエイジングフレンドリーガイドラインでは以下の例を挙げています。

・通路も含め、作業場所を明るくする。
・警報音は聞き取りやすいような音域に、パトライト（警告灯）等は見やすいように配慮する。
・階段には手すりを設置し、通路の段差ができるだけないようにする。
・作業台の高さや配置を見直し、自然な作業姿勢になるようにする。
・休憩場所については、暑さや寒さをできるだけ解消するようにする。
・通気性の良い服装とする。
・滑らないような靴に見直す。
・危険箇所はできるだけないようにするとともに、避けられない箇所は標識等で注意喚起を行う。
・リフトやスレイディングシートなどを取り入れ、抱え上げ作業などはできるだけ少なくする。
・水分や油分は放置することなく、まめに清掃を行う。
・滑りやすい箇所には防滑のための床材や階段用シートに変える。
・熱中症の症状を初期に把握できる機器などを活用する。
・パワーアシストスーツなどを導入する。
・パソコンなどを使用する際には、照明や文字サイズの調整や適切な眼鏡の使用などを心がける。

 福利厚生制度の整備

高年齢者雇用に向けてベースとなるのが安全管理とすれば、次の課題は福利厚生施策を充実させることです。これに関連する施策としては以下が挙げられます。

- 高年齢者を意図した定期健康診断（人間ドック）の実施
- 健康など相談窓口の設置
- リフレッシュ休暇などの特別休暇
- 積立傷病休暇制度

  失効した有給休暇を定められた基準のもとに毎年積み立てる制度で、病気など一定の理由で休む際に活用することができるものです。

なかでも、高年齢者の福利厚生に適応すると考えられるのがカフェテリアプランです。カフェテリアプランとは選択型の福利厚生制度ともいわれており、従業員に基準により一定のポイント（福利厚生制度を利用できる枠）を付与し、多様な福利厚生メニューを用意するとともに従業員がそれぞれの必要性に応じて選択できる仕組みを指します。これに、高年齢者の健康、医療、介護の分野を厚く広く設定することなどが考えられます。例えばホームヘルパー利用などのメニューを追加するなどです。中堅中小企業など、単独での導入が難しい場合にはグループで加入したりすることも考えられます。ちなみに、東京商工会議所が実施している「福利厚生倶楽部」（旧：バフェプラン）は、会員企業向けのカフェテリアプランとなります。

【ガンと成人病対策】

健康面で留意すべきはガンや成人病などの対策です。厚生労働省からも「事業場における治療と仕事の両立支援のためのガイドライン」が公表されています。産業医などからの助言を得て、個人情報守秘義務のもと、健診等の援助などを通じての早期発見や、ガンや成人病を発見した後においては仕事を継続しながらの治療を支援していくことが求められます。意識啓発を含めた研修、相談窓口の設置、休暇・時差出勤などを含めた制度及び運用面の整備が急務となっています。

生涯、ガンに罹患するリスクは、男性が65%、女性が50%になるとのことです。先進国の中でも唯一上昇傾向にあり、高年齢者雇用にあたって重要な課題となっています。

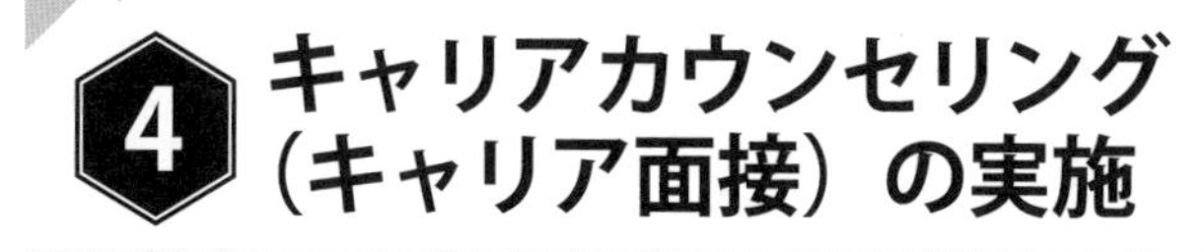

4 キャリアカウンセリング（キャリア面接）の実施

キャリアカウンセリングという言葉も馴染みになってきましたが、一部の大企業ならではという見方が根強いと思われます。これは、あらためて社員個々の適性や能力に気付かせるとともに、将来どのような分野での仕事につきたいのか中長期的な目標のもとに、これを実現させることに役立てるためのカウンセリングになります。企業によっては、45歳、50歳、55歳と節目に3に述べる研修などともあわせて制度としてのカウンセリングを取り入れる企業もあります。この場合、内部の経験豊富な社員がカウンセラーとしての役割を担うことはもちろんですが、外部の専門カウンセラーと契約して活用する方法も考えられます。後者の場合は費用がかかる反面、カウンセラーの守秘義務のもとに相談の内容について会社側には伝わらないなどの従業員側にとってのメリットも挙げられます。

5 関連するセミナー（セカンドキャリア、セカンドライフなど）の実施

セカンドキャリア研修とは、50歳または定年60歳前のタイミングを見計らって、次期に向けてあらためて自らキャリアデザインを描くことにより、生き甲斐や働き方について考え直し、健康管理プログラムや生活設計などを立案するための研修です。

大企業などでは、高年齢者の再雇用に向けて転機における重要な研修として位置付けています。名称としては、ライフプラン、セカンドライフ、生き方名人などさまざまです。なかには配偶者も含めて家族ぐるみの参加方式をとるところもあります。例えば、以下のようなカリキュラムで行われています。

◯ 公的年金制度、企業年金制度の仕組み
◯ 健康保険や雇用保険の仕組み
◯ 家庭の経済面からのとらえ方 … 金融商品などの紹介など
◯ 生きがいとは何か … 自己のモチベーションアップになる要因をまとめてみるものです。
◯ 今後の自己目標の立案（セカンドキャリア・セカンドライフ設計）

また、企業によっては、この研修の時に360度評価（多面評価）を取り入れ、同僚や部下、関係者などからの評価を集約し、自分を客観的に見つめ直したりする場としても活用されています。またセミナーの延長として、単に仕事の関係にとどまらず、同年輩同士などが本音で語り合うことができる場をあえて設定する企業もあります。

これからは、動機づけられた社会人の大先輩が、これまで積み上げてきた得意分野を精一杯活かしてもらうということが求められます。

ますます競争が激化するなかで、企業の生き残り策としてみても高年齢

社員と若年社員との役割分担と共存、先達から後進へノウハウやスキルの継承が効果的かつ円滑に進むように図っていくことにかかっているといっても過言ではありません。

◆リスキリング

経済産業省によると、リスキリング（Re-skilling）とは、新しい職業に就くために、あるいは、今の職業で必要とされるスキルの大幅な変化に適応するために、必要なスキルを獲得する（させる）ことになっています。これからの高年齢者の雇用に向けてこのリスキリングが注目されています。

第2章

一人ひとりの心へのアプローチ

これからは、動機づけられた社会人の大先輩としての高年齢者が、これまで積み上げてきた得意分野を精一杯活かしてもらうということが求められます。

ますます競争が激化するなかで、企業の生き残り策としてみても高年齢社員と若年社員との役割分担と共存、先達から後進へノウハウやスキルの継承が効果的かつ円滑に進むように図っていくことにかかっているといっても過言ではありません。

残念ながらこれとは真逆の話ですが、これまでの上司が定年後もお目付け役として隣にでんと控えていて元部下の社員にとって仕事がやりにくくなったという話もよく聞きます。高年齢社員側としても協調性、チームワークがこれまで以上に問われることを意識してもらう必要があります。この対策として配置転換も１つの方法です。高年齢社員を中心とした新しい係を編成するということも考えられます。しかしながら、多くの日本の企業では、これまで合理的に組織に人をあてはめるのではなく、人を中心にマネジメントが行われてきました。これに対し、最近になって大手企業を中心にセカンドキャリア研修などを通じて意識改革を図るとともに良好なコミュニケーションの在り方について体験的に学んでもらうことなどが行われるようになってきました。

ここでは、高年齢社員のやる気を引き出すとともに、若い社員との共存を側面から支援していくためのさまざまな心へのアプローチ策を考えてみたいと思います。

1「さん」付け運動

いわゆる「さん付け運動」とは、会社を始めとしたさまざまな組織において、役職名や「名前に役職を付けた呼称」で呼ぶのをやめて、上下関係に関わらず全て「○○さん」と意図的に呼ぶ運動のことを指します。役割が異なっていてもお互いに人間からすると同等の立場にあるという理念に立つものであり、高年齢者雇用の観点からするときわめて有効であるといえます。実際、昨日までは呼び捨てにしていた同僚が上司に、後輩が上司になることによる、呼び方からくる心理的な抵抗の解消を図り、新入社員から社長までと会社方針として徹底している会社があります。長幼の序の精神は大事にしながらも日本の多くの企業で長くみられた身分的人事制度から脱却し、役割を重視する人事制度へと変えていくうえでは、この「さん付け運動」はこれからますます重視されるでしょう。

 カウンセリングマインドの醸成

カウンセリングマインドという言葉が使われるようになって久しくなります。

カウンセリングマインドとは、カウンセリングの精神に則って広く全ての対人関係に関わる基本的な心構えを指すものです。メンタリングやコーチングなど職場での人間関係のスキルアップが時を変えてブームになっていますが、ある意味では全てこのカウンセリングマインドをベースにしているといってよいでしょう。適切な高年齢者雇用を考えるにあたっては組織的にもこのカウンセリングマインドの醸成を図ることが重要であると考えます。

1. カウンセリングマインドの要素

このカウンセリングマインドは、以下の点が重要な要素となっています。

① まずは相手を自立した人間として尊重し、（企業における今現在の役割は異なるものの）人間としては対等であるというスタンスから接していこうとするものです。

② 自分とは異なる価値観を持つことを認め、相手を積極的に受け入れて感情面からも交流を図っていこうとするものです。

③ 単に事実を追うだけではなく広くその背景まで読み取って、どのようにすればお互いに具体的な行動まで良い方向へ変わっていくのかという観点から広く人間として関わっていこうとするものです。

ダイバーシティが経営課題となっている現在、上司が年下で部下が年上の逆転の関係、女性の上司と男性の部下、外国人社員と日本人社員、障害を持つ部下などますます多様化してきました。カウンセリングマインドの醸成は、職場における人間関係のベースにあたる人事課題となっています。

2. 職場に浸透させるために

カウンセリング精神とは若くてわがままな社員をいっそう甘やかせることなのかなどという声が聞かれることがありますが、相手の感情に沿ってということと、部下を甘やかすということは決して同じではありません。

これについては、

①「感情」、「事実」、「技術＝スキル」をそれぞれの別の観点から分けてとらえてみようとするものです。

すなわち、「感情をとらえる」と「事実を客観的にとらえる」こと及び「技術＝スキルとしてとらえる」こととは分けて考えてみようとする試みであるともいえます。人間を単に好き、嫌いという次元からとらえてきたことを反省し、もう一度引いて見てみようとするものであるともいえます。言い換えると、まずは感情面では相手を独立した人格としながらも、一方の技術的指導にあたっては企業効率の面から厳しく臨むというように進めていこうとするものです。

② 個々の能力開発をねらいとする

個々の顕在及び潜在能力の開発に置くことから始めるということです。

マグレガーの欲求５段階説でいうと、誰もが自己実現の目標達成を目指していっそうヤル気になって仕事をしていきたいということが人間本来の願望であり、何らかの動機づけがなされることにより、意欲が高まれば能力は今まで以上に発揮できるという観点から発しています。

③ 客観的にみる目を養う

評価面接等、職場にカウンセリングを導入するにあたって、上司として心がけるのは以下の２点であるといえます。

・彼（彼女）はこういう人間だからと決めつけるのではなく、原点に戻って行動事実の確認から始めること。

・上司としての自己主張をしないということではなく、自己を冷静に見つめる眼を養っていくことを心がける。

④「わかる上司」をいい意味で見習ってみる

いわば世に人望がある上司というのは、以上にあげたことを図らずともわきまえた人たちです。これを生まれつきの性格だからとか、リーダーのタイプとかで終わってしまうのではなく、行動を変化させることに焦点をあててみる必要があります。

例えば、よく「一見…、実は…」、「とっつきにくい人だが…」とか、「最初はよく分からない人だったけれども本当は…ところもあるんだね。」というような場合、お互いが分かるまでに時間が相当かかるとか、場合によっては分からないままに擦れ違って終わりということが多く見受けられないでしょうか。そのような誤解を解消し、またよく分かりあえるまでの時間を短縮するための有効な方法となるのです。

欧米人は人種や宗教などの違いから価値観そのものが異質な中で、コミュニケーションスキルを幼少のときから育むことによって共通のビジネスの場で相互に切磋琢磨し、能力を発揮させることに長けているといえます。いってみれば、マインドはマインド、スキルはスキルとして合理的に学び得るということに他ならないのです。

⑤ 日々の上司と部下との良好な関係づくりから

面接の場において、あたりさわりのない話しかしない、丁寧には答えるものの表面的で内容深くまでは関わらない、質問を恐れて一方的にしゃべる、むっとして黙ってしまうなどの行為が表われたときには、これを日頃の関係（リレーション）の問題であるということになるでしょう。日々の良好な関係づくりにあたってカウンセリングの精神に則り、また技法の活用を図っていくことが有効です。報告･連絡･相談（報連相）というコミュニケーション手段を通して事実を的確に把握し、それを部下はどうとらえたのかという日々の観察力によることが大きいといえます。

このカウンセリングマインドに則って人事面接を進めてみればよくわかります。昨日までとは違った、何か開けてきた感を持つことになると思います。

メンタルヘルス対策

「心に起因する疾患」は年々明らかに増加傾向にあり、企業におけるメンタルヘルスに関する認識も日増しに高まってきています。若年者から高年齢社員、場合によっては国籍も超えて職場で肩を並べて仕事する時代において、メンタルヘルスの問題は避けては通れません。

1. 過重労働対策

① 労働安全衛生法の遵守

メンタルヘルス対策で真っ先に挙げるべきは、過重労働対策です。時間外及び深夜勤務、休日出勤が多い会社や部門によってはこれを削減するなどの措置をとる必要があります。労働安全衛生法では、以下のように「長時間労働者への医師による面接指導の実施」に重点が置かれています。

1）労働者の1月当たりの残業が80時間を超え（1週当たりの法定40時間労働を超える時間；以下同様)、かつ疲労の蓄積が認められるときは、労働者の申し出を受けて医師による面接指導を行うことが義務付けられました（研究開発業務に従事する労働者や高度プロフェッショナル制度の対象者を除く)。

医師は、労働者の勤務の状況、疲労の蓄積の状況その他心身の状況（メンタルヘルス面も含みます）について確認し、労働者本人に必要な指導を行うこととなっています。

これに対して使用者には、医師の意見を聴き、これをもとに必要に応じて就業場所の変更、作業の転換、労働時間の短縮、深夜勤務の削減などを行うことが義務づけられました。

2） 以下に該当する場合は、面接指導を実施するなどの努力義務が課せられています。

・事業主が自主的に定めた基準に該当する労働者

② 労働時間削減に向けた対策

前項の法的義務とも関係しますが、いうまでもなく恒常的になってしまった過剰な残業などは減らしていく必要があります。例えば、以下の対策があげられます。

- 深夜労働、次に休日労働はできる限り避けるようにしていくこと
- 代休ないし振替休日を徹底させること
- フレックスタイム制や変形労働時間制を有効に活用すること
- ノー残業デーを設けること（例えば、週の中日の水曜日とすることなどです）
- 業務分担を見直すこと
（プロジェクト制を採用するなど、部署や担当による繁閑をなくすことです）
- 有給休暇の計画取得を実践すること
- 管理職（時間外手当の非対象者）についても過重労働の恐れがあれば、これを見直すこと

2. ストレスチェック制度

ストレスチェックは、労働者のストレスの状況について定期的な検査を行い、本人に結果を通知して自己の状況について気付きを与え、メンタルヘルス不調によるリスクを抑え、一定の集団としてみての分析を行ったうえで職場環境の改善に結び付けることを目的とした制度であり、2015年12月から実施されています。対象は、常時労働者が50人以上いる事業場となっており、正社員のみならず、契約社員やパート・アルバイトなどの非正規社員や派遣先の派遣社員も含まれます。

【参考 / メンタルヘルス対策の実態より】

労務行政研究所が2017年に実施した調査によると、ストレスチェックを実施している企業は94%（300人未満、以下同様）となっています。

また、「心との健康対策を目的とするカウンセリング」が71.6%、メンタルヘルス対策の実務を行う専門スタッフ（産業医など）の専任が68.7%、「電話やEメールによる相談窓口の設置」が65.7%、「管理職に対するメンタルヘルス教育・情報提供」が52.2%と続いています。メンタルヘルスの重要性に対する認識は年々高まってきているといえます。

3. 中小企業ならではのメンタルヘルス対策

一般的に中小企業では、大企業以上にストレス度が大きいとも言われます。コスト面などから大企業と同様にはいかないにしても、以下に挙げるような施策を効果的に実施していくことが求められます。

① 啓蒙活動を推進させること

メンタルヘルスに関する注意事項を記した資料の配布やこれにも関連して社内メールの有効活用が挙げられます。さらには、総務人事担当者のカウンセラー資格取得を支援することなども進めていきたいところです。

② 専門医療機関とのパイプ作り

何か心配な症状に気付いた場合には、早期に相談できるような地域の専門医療機関とのつながりを普段から持っておくことです。また、外部の専門家として、臨床心理士やカウンセラーなどを活用していくことも必要になってきています。

③ 衛生委員会の活用

常時50人以上の従業員を雇用する事業場では、衛生に係る事項を検討する「衛生委員会」を設置しなければならないことになっています。この衛生委員会の場を有効に役立てていくことです。

④ 外部研修への計画的派遣

一般の社員に先駆けて、人事担当者や衛生管理者から外部のメンタルヘルス研修などに参画させることです。

⑤ 就業規則の整備

長期欠勤・休職及び復職などの条項に関連して、とくに精神疾患の観点からあらためて見直す必要がでてきています。また復職に向けたプログラムとはどのようなものが適正なのか把握しておく必要もあるかと思います。

⑥ メンタルケアの実施

メンタルヘルス問題発生のきっかけとして、いじめやハラスメントはいうまでもなく、配置転換などの異動もきっかけとなることがあります。さらに、いわゆる「昇進うつ」などのように本来はモチベーションアップにつながるはずのものが本人にとってはマイナスのストレスに働くこともあります。これに過労や職場の人間関係などが複雑にからみあって問題が大きくなるとの報告もあります。このようなタイミングに企業としてもこれまで以上に注意深くフォローしていくことが求められています。

⑦ 制度面からの職場環境の改善

心の健康は､働きやすい環境づくりから始める必要があります。例えば、課員ごとの業務計画表を作成したり、仕事量から業務分担を定期的に見直したりすることなども重要な点です。また、⑥のメンタルケアに結び付くことですが、人事担当者と社員、及び上司と部下の定期面接制度なども必要になってきています。

⑧ 外部支援機関の活用

メンタルヘルス対策支援センターは、地域における職場のメンタルヘルスを支援する中核機関として位置づけられており、メンタルヘルス不調の予防、早期発見と対応、休業者の職場復帰など職場のメンタルヘルス対策全般について支援を行っています。

また、労働安全衛生法で産業医の選任義務のない50人未満の事業場については、事業者は医師等に健康管理を行わせることが努力義務とされていますが、地域産業保健センターでは、産業医に代わって登録医師や保健師などが相談に応じ、またセミナーを開催するなど地域ごとの産業保健活動を行っています。これらの機関を活用していくことです。

4. 個人情報保護から注意すべきこと

2005年施行の個人情報保護法施行にともない、厚生労働省は、雇用管理に関する個人情報のうち、とくに健康診断の結果等の労働者の健康情報について以下の留意事項について通知しています。

① 事業主が医療機関から健康に関する情報を取得する場合には、事前に労働者本人の承諾を得て、本人を介して提出を受けることが望ましいこと。

② 健康に関する情報は、利用目的の達成に必要な範囲に限定されるように産業医などの専門職（産業保健業務従事者）が取り扱うことが望ましく、またこれ以外の人事労務担当者や上司などが取り扱う場合には、専門職が加工などを行った後の必要最小限のものであるべきこと。

③ 事業場内において労働組合や衛生委員会等と協議したうえで、健康に関する情報の取り扱いに関する規程を作成することが望ましいこと。

5. メンタルヘルスマネジメントの重要性

ストレスは、心と体に外部から何らかの力が加わった影響で歪みが生じている状態のことを指します。このストレスの原因をストレッサーといいます。

仮に同じストレッサーからの影響があっても、その表れ方は、人によってさまざまです。一般的にストレスに強い人からすれば理解できないことかもしれませんが、職場の対人関係などで不安や抑うつ症状などといったメンタルな面に現れる人もいれば、肩コリや頭痛、不眠など身体面に症状が現れる人もあり、その程度も多様であると言われています。

このストレス対応としてもメンタルヘルスマネジメントは重要です。これから企業一丸となって心がけてもらいたいのが、前項の積極的傾聴からカウンセリングマインドを醸成していくことです。上司と部下、先輩と後輩の関係でいえば、上司が部下（先輩が後輩）を観察する眼を養うとともに日常からの報告・連絡・相談など組織コミュニケーションを有効にさせることとなります。傾聴から部下のストレス対策に有効なコミュニケーション技術のことを「アサーション」といっています。このようにメンタルヘルスマネジメントは、長い目でみると職場の安定から業績向上まで役立つことが期待できるということをぜひ理解して頂きたいと思います。

4 パワーハラスメント対策

ここ最近、顧問先からの労務相談でもっとも多いのがパワハラ問題といってもよいかと思います。ほとんどの企業で程度は異なるものの問題が発生しています。当初は水面下で進んで顕在化したときには全社的な問題になっていることも少なくありません。高年齢者が加害者として関与してきているケースも少なからずあり、昔の上司が定年後に部下の上長に仕えている際など、高年法の改正等を受けて高年齢社員が増えていることも影響してきているといえます。

1. パワハラの現状を知る

厚労省委託事業として「職場のハラスメントに関する実態調査（2020年度）」が発表されています。このなかの労働者等への調査によると、パワハラを受けた経験者の回答として以下のとおりの結果となっています。

①「何度も繰り返し経験した」が6.3%、②「時々経験した」が16.1%、③「一度だけ経験した」が9.0%となっており、合計すると31.4%と3分の1にものぼることがわかります。

次にパワハラに関する職場の特徴として、多い順に挙げると以下のとおりとなっています（複数回答）。

①「上司と部下のコミュニケーションが少ない」→37.3%

②「残業が多い・休暇を取りづらい」→30.7%

③「業績が低下している・低調である」→28.6%

④「従業員の年代に偏りがある」→27.2%

⑤「失敗が許されない・失敗への許容度が低い」→23.7%

⑥「遵守しなければならない規則が多い・高い規律が求められる」→21.7%

⑦「ハラスメント防止規程が制定されていない」→ 21.0%

⑧「女性管理職の比率が低い」→ 20.6%

これをみると、コミュニケーションが乏しく、硬直的で組織風土の体質が旧態依然であることがわかります。

続いて企業がパワハラの予防・解決のために実施している取組みとしては以下のとおりとなっています。

①「パワハラの内容、パワハラを行ってはならない旨の方針の明確化と周知・啓発」→ 83.1%

②「事実関係の迅速かつ正確な確認」→ 80.5%

③「相談窓口の設置と周知」→ 78.6%

④「行為者に対する適正な措置」→ 75.6%

⑤「被害者に対する適正な配慮の措置」→ 75.4%

⑥「行為者に厳正に対処する旨の方針・対処の内容の就業規則等への規定と周知・啓発」→ 69.8%

⑦「再発防止に向けた措置」→ 66.6%

⑧「事業主自らが関心と理解を深め、労働者（他社の労働者や求職者を含む）に対する言動に注意を払うための取組み」→ 60.6%

パワハラの芽の段階のときに把握し、迅速に対応して対策をとることが重要であることがわかります。

2. 改正パワハラ法

2019年5月に「労働施策総合推進法※」等の改正が行われました。

※ 労働施策の総合的な推進並びに労働者の雇用の安定及び職業生活の充実等に関する法律

※ 大企業は2020年6月より、中小企業は2022年4月より施行されています。

パワハラとは、職場において行われる以下の①から③までの要素を全て満たすものをいいます。

① 優越的な関係を背景とした言動であって

② 業務上必要かつ相当な範囲を超えたものにより

③ 労働者の就業環境が害されるもの

なお、客観的にみて、業務上必要かつ相当な範囲で行われる適正な業務指示や指導については、職場※における パワハラには該当しません。

> ※ 職場 ⇒ 事業主が雇用する労働者※が業務を遂行する場所を指し、当該労働者が通常就業している場所以外の場所であっても、当該労働者が業務を遂行する場所については、「職場」に含まれます。
> ※ 労働者 … パートタイマーや契約社員等のいわゆる非正規雇用労働者を含む事業主が雇用する労働者の全てをいい、派遣労働者も対象となります。

「優越的な関係を背景とした」言動とは、当該事業主の業務を遂行するに当たって、当該言動を受ける労働者が当該言動の行為者とされる者に対して抵抗又は拒絶することができない蓋然性が高い関係を背景として行われるものを指し、例えば、以下のもの等が含まれます。

- 職務上の地位が上位の者による言動
- 同僚又は部下による言動で、当該言動を行う者が業務上必要な知識や豊富な経験を有しており、当該者の協力を得なければ業務の円滑な遂行を行うことが困難であるもの
- 同僚又は部下からの集団による行為で、これに抵抗又は拒絶することが困難であるもの

「労働者の就業環境が害される」とは、その言動によって労働者が身体的又は精神的に苦痛を与えられ、労働者の就業環境が不快なものとなったため、能力の発揮に重大な悪影響が生じる等当該労働者が就業する上で看過できない程度の支障が生じることを指します。

この判断に当たっては、「平均的な労働者の感じ方」、すなわち、同様の状況で当該言動を受けた場合に、社会一般の労働者が、就業する上で看過できない程度の支障が生じたと感じるような言動であるかどうかが基準となります。

事業主は、当該事業主が雇用する労働者又は当該事業主（その者が法人である場合にあっては、その役員）が行う職場におけるパワハラを防止するために、以下の措置を講じなければならないことになっています。

① 方針等の明確化及び従業員への周知・啓発
② 相談（苦情を含む）に応じ、適切に対応するために必要な体制の整備
③ 職場におけるパワハラに係る事後の迅速かつ適切な対応
④ プライバシーの保護、相談などによる不利益の防止

また、具体的なパワハラ行為としては以下のとおり6つに分類されています。

① 身体的攻撃 … 暴行・傷害
② 精神的な攻撃 … 脅迫・名誉毀損・侮辱・ひどい暴言
③ 人間関係からの切り離し … 隔離・仲間外し・無視
④ 過大な要求 … 業務上明らかに不要なことや遂行不可能なことの強制、仕事の妨害
⑤ 過小な要求 … 業務上の合理性なく、能力や経験とかけ離れた程度の低い仕事を命じることや仕事を与えないこと
⑥ 個の侵害 … 私的なことに過度に立ち入ること

3. パワハラ認定と事業主の責任

パワハラの判断は、人員構成や職種、人間関係、さまざまな企業組織風土など、さまざまな要因がからみあって複雑です。また、ケースによっても事情が異なり、判断が難しくなっています。

被害者からの直接の相談や周囲の声などパワハラの可能性があった場合には、以下の手順ですみやかに対応する必要があります。

① 事実を調査し、確認すること

双方から聴取し、客観的な事実を確認していくことです。これは、人事担当者が中心になって行うことはもちろんですが、必要に応じては、中立な立場での外部の専門家の協力を得ることも考えられます。当然ながら、プライバシーの問題にも注意して対応していかなくてはなりません。

② 行為者と被害者のそれぞれに適切な措置を講ずること

事実関係が明らかになるまでは接触させないように自宅待機などを命じたり、職場の一時的な隔離措置をただちに命じたりすることです。また、

事実関係が明らかになった場合には､状況によっては懲戒事項にも発展し､同時に部署異動などの措置も当然に必要となってきます。

③ 再発防止策をとること

就業規則を始めとして、パワハラ規則や関連するルールを策定し、周知徹底させることが求められます。またこのことは、どのような行動をとるとどのような制裁を受けるのかということを明らかにしていくことでもあります。

次に管理職に対する研修なども有効であるとされています。さらに相談窓口を設けたり、内部通報制度を整備したりすることも施策として挙げられるでしょう。

第3章

社会保険

社会保険関連の変更箇所

高年齢者にとって関連性の高いのが年金を始めとした社会保険です。毎年のように見直しが行われてきています。

〔2020 年 4 月～（施行)〕
雇用保険の適用対象となる満 64 歳以上の高年齢労働者の雇用保険料の免除制度が廃止となりました。

〔2022 年 4 月～〕
高齢期の就労継続を早期に年金額に反映させるため、在職中の老齢厚生年金受給者（65 歳以上）の年金額が毎年定時に改定されることになりました（在職時定時改定)。同時に年金受給開始時期の選択肢を 60 歳から 70 歳までだったのが、60 歳から 75 歳までに拡大されました。

〔2022 年 10 月～〕
パートタイマー（短時間労働者）の被用者保険について、それまでは 51 人以上の企業（特定適用事業所）に雇用される一定のパートが強制加入となっていたものが、100 人超に拡大されました。2024 年 10 月からはさらに 50 人超の小規模企業にまで拡大される予定になっています。

〔2025 年 4 月～〕
2025 年 4 月からは 65 歳までの雇用確保措置が進むこと等を踏まえ、高年齢雇用継続給付の最大支給率を 15％から 10％に引き下げられるとともに、最大支給率に対する賃金低下率（60 歳到達時の賃金月額と比較した支給対象月に支払われた賃金額の低下率）が 61％から 64％以下に引き上げられることになっています。

在職老齢年金等

1. 制度の内容

60歳以降に勤務（厚生年金保険に加入）しながら受け取る老齢厚生年金を在職老齢年金といいます。

支給される賃金（正確には総報酬月額相当額）と年金額（正確には老齢厚生年金の基本月額）の合計額によっては、年金の全部または一部の支給が停止されることがあります。具体的にいえば、賃金と年金額の合計額が47万円を超える場合には、その超えた額の2分の1が年金額から支給停止されることになります（ただし、老齢基礎年金については全額支給されます）。2021年3月までは、65歳未満の場合の限度額が28万円となっていましたが、これが65歳以上と同じ扱いに変更され、より勤務しやすいように緩和されたことになります。

また、厚生年金に加入しながら老齢厚生年金を受給している65歳以上70歳未満の人が、基準日の9月1日に被保険者である場合は、翌10月分の年金額から見直されることになります。これを「在職定時改定」といい、2022年4月に新設されたものです。それまでは、厚生年金の被保険者資格を喪失するまでは老齢厚生年金の額は改定されませんでした。すなわち、働きながら年金額を増額していくことが可能になったということになります。高年齢者のやる気を促し、生活基盤の強化を図ることが目的といえます。

なお、老齢年金を66歳以後に受給開始（繰下げ受給）する場合、年金額は65歳から繰り下げた月数によって増額（1ヵ月当たりでは0.7%アップ）されることになります。これに関連して、2022年4月から繰り下げの上限年齢が70歳から75歳に引き上げられ、高年齢者の勤務実態にあわせて、年金の受給開始時期を75歳まで自由に選択できるようになりました。

2. 在職老齢年金の受給者が退職したとき(70歳に到達したとき)

70歳未満で厚生年金に加入しながら老齢厚生年金を受けている人が、退職して1カ月経ったときは、退職した翌月分の年金額から見直されることになります。これを「退職改定」といいます。また、厚生年金に加入しながら老齢厚生年金を受けている70歳未満の者が70歳に到達したときは、70歳に到達した翌月分の年金額から見直されることになります。

・年金額の一部または全部支給停止がなくなり、全額支給されます。
・年金額に反映されていない退職までの厚生年金に加入していた期間を追加して、年金額の再計算が行われます。

3. 雇用保険の高年齢雇用継続給付

高年齢雇用継続給付とは、雇用保険の被保険者期間が5年以上ある60歳以上65歳未満の被保険者に対して、賃金額が60歳到達時の75%未満となった場合に、最高で賃金額の15%に相当する額を支給する制度です。

厚生年金保険の被保険者で、特別支給の老齢厚生年金などの65歳になるまでの老齢年金の受給者が雇用保険の高年齢雇用継続給付(高年齢雇用継続基本給付金・高年齢再就職給付金)を受給するときは、在職老齢年金の支給停止に加えて年金の一部も支給停止されることになります。

支給が停止される年金は、最高で賃金(標準報酬月額)の6%になります。

※ 特別支給の老齢厚生年金などの65歳になるまでの老齢年金の受給者が高年齢雇用継続給付を受給するときには、年金事務所への届出が必要となる場合があるので注意が必要です。

この制度は今後とも縮小傾向にありますが、著者としてはこれまでずっと感心してきませんでした。何故ならば、多くの企業が賃金を低く設定するために活用してきたからです。このこともあって、関連する不正も少なからずあると聞いています。給付金や助成金などは、改善の方向に真摯に取り組む企業に厚くするべきであると考えます。

●高年齢雇用継続給付支給率・支給額早見表

▶「**支給率早見表**」支給率算定の目安となります。

賃金の低下率	支給率
75%以上	0.00%
74.5%	0.44%
74.0%	0.88%
73.5%	1.33%
73.0%	1.79%
72.5%	2.25%
72.0%	2.72%
71.5%	3.20%
71.0%	3.68%
70.5%	4.17%
70.0%	4.67%
69.5%	5.17%
69.0%	5.68%
68.5%	6.20%
68.0%	6.73%

賃金の低下率	支給率
67.5%	7.26%
67.0%	7.80%
66.5%	8.35%
66.0%	8.91%
65.5%	9.48%
65.0%	10.05%
64.5%	10.64%
64.0%	11.23%
63.5%	11.84%
63.0%	12.45%
62.5%	13.07%
62.0%	13.70%
61.5%	14.35%
61%以下	15.00%

▶「**支給額早見表**」(2017年8月1日現在) 支給額算定の目安となります。

60歳以降各月の賃金	60歳到達時等賃金月額（賃金日額×30日分）							
	469,500円以上	45万	40万	35万	30万	25万	20万	15万
35万	0	0	0	0	0	0	0	0
34万	7,922	0	0	0	0	0	0	0
33万	14,454	4,917	0	0	0	0	0	0
32万	20,992	11,456	0	0	0	0	0	0
31万	27,528	17,980	0	0	0	0	0	0
30万	34,050	24,510	0	0	0	0	0	0
29万	40,600	31,059	6,525	0	0	0	0	0
28万	42,000	37,576	13,076	0	0	0	0	0
27万	40,500	40,500	19,602	0	0	0	0	0
26万	39,000	39,000	26,130	0	0	0	0	0
25万	37,500	37,500	32,675	8,175	0	0	0	0
24万	36,000	36,000	36,000	14,712	0	0	0	0
23万	34,500	34,500	34,500	21,252	0	0	0	0
22万	33,000	33,000	33,000	27,764	3,278	0	0	0
21万	31,500	31,500	31,500	31,500	9,807	0	0	0
20万	30,000	30,000	30,000	30,000	16,340	0	0	0
19万	28,500	28,500	28,500	28,500	22,876	0	0	0
18万	27,000	27,700	27,000	27,000	27,000	4,896	0	0
17万	25,000	25,500	25,500	25,500	25,500	11,441	0	0
16万	24,000	24,000	24,000	24,000	24,000	17,968	0	0

4. 老齢厚生年金と高年齢雇用継続給付の併給調整について

特別支給の老齢厚生年金（在職老齢年金）の支給を受けながら、同時に高年齢雇用継続給付の支給を受けている期間については、高年齢雇用継続給付の給付額に応じ、次のとおり年金の一部が支給停止される場合があります。

【併給調整の内容】

標準報酬月額が、60歳到達時の賃金月額の61%以下である場合	老齢厚生年金について、標準報酬月額の6%相当額が支給停止されます。
標準報酬月額が、60歳到達時の賃金月額の61%を超えて75%未満の場合	老齢厚生年金について、標準報酬月額に6%から徐々に逓減する率（支給停止率）を乗じて得た額が支給停止されます。（下記早見表参照）
標準報酬月額が、60歳到達時の賃金月額の75%以上である場合、又は標準報酬月額が高年齢雇用継続給付の支給限度額以上の場合	併給調整は行われません。

（参考）「60歳到達時の賃金月額」に対する「標準報酬月額」の割合に応じた年金の支給停止率　早見表

標準報酬月額 / 60歳到達時賃金月額	年金停止率
75.00%以上	0.00%
74.00%	0.35%
73.00%	0.72%
72.00%	1.09%
71.00%	1.47%
70.00%	1.87%
69.00%	2.27%
68.00%	2.69%
67.00%	3.12%
66.00%	3.56%
65.00%	4.02%
64.00%	4.49%
63.00%	4.98%
62.00%	5.48%
61.00%以下	6.00%

（表示上小数点以下2ケタ未満を四捨五入）

＊標準報酬月額とは、厚生年金保険の基準で決定された1か月当たり賃金相当額で、年金額等の計算の基礎となっているものです。

第４章

参考資料

定年後再雇用契約社員の規程例

以下に定年制（60歳以上65歳未満）のもとに70歳を上限年齢とした再雇用制度を採る場合（いわゆるシニア社員）の規程例を挙げてみました。

以下の点にも注意願います。

- 各企業の定年と再雇用の実態に応じて内容が異なってきます。
- 本規程だけでなく、再雇用者に対する就業規則も設けておいた方が望ましいといえます。
- 個々の対象者には、雇用契約書の締結または労働条件通知書の交付が必要となります。
- 個別の状況及び運用の在り方によっては違法となる場合も考えられるので注意願います。

定年後再雇用契約社員の規程例

第1条（再雇用契約社員制度）

従業員就業規則第〇条で定める定年（60歳～64歳）退職する従業員のうち、本人自ら再雇用を希望する者に対して「再雇用契約社員制度」を設ける。

2. 会社は、当該年度の経営状況を考慮したうえで再雇用を決定する。

3. 本制度の適用対象者で、会社が提示する勤務及び労働条件に同意した者を、「再雇用契約社員」とする。

第2条（労働契約）

会社は、定年を迎える従業員について、定年に到達する月の6ヵ月前までに再雇用の希望を聴取し、第4条に定める要件について審査したうえで、再雇用契約社員としての採用の可否をすみやかに本人に通知する。

2．再雇用契約社員の1回ごとの労働契約期間は、原則として1年間とし、定年退職日の翌日より起算する。

3．契約期間満了の2ヵ月前の時点で、その再雇用契約社員が引き続いて第4条に定める要件を満たす場合には、会社は原則として、第3条に定める上限の年齢に達するまでの間、1年間ごとに労働契約を更新するものとする。

4．会社は、次期の契約の可否について、契約満了時の1ヵ月前までに本人に通知する。

第3条（年齢に関する上限）

再雇用契約社員の雇用上限年齢は満70歳とし、満70歳に達する月の末日をもって雇用契約は終了する。

第4条（再雇用契約社員の要件）

再雇用契約社員になる者は、就業規則第○条に定める退職（定年に関するものを除く）または解雇の事由に該当しないことを条件とし、会社が提示する労働条件に同意したものとする。

2．前項に加え、65歳を超える再雇用契約社員は、次の各号に掲げる基準※（対象者基準という）を全て満たすものとする。

① 過去1年以内に会社が実施する定期健康診断を受診し、その結果、とくに勤務に支障を来たす恐れのある異常が認められない旨、産業医が判断していること

② 過去1年間の人事考課がB（平均的標準）以上の者

③ 65歳時点において過去2年間に出勤率が9割以上であること（欠勤が◇日以下であること）。

④ 65歳時点において過去2年間に懲戒処分がなされていないこと。

第５条（勤務及び労働条件）

再雇用契約社員の勤務形態、担当職務内容については、会社が事前に本人の希望を聴取し、会社の経営状況や業務状況並びに本人が担当可能な職務や経験、能力など総合的に勘案したうえで、次のいずれかに決定する。

① 一般再雇用契約社員　１日の勤務時間につき、他の正社員と同等の勤務日数でかつ勤務時間である者

② 短時間再雇用契約社員　他の正社員よりも１週間あたりの勤務時間が短い者

２．賃金については、１ヵ月当たりの勤務時間数、担当する業務の内容、経験等個別の事情を勘案して会社が決定する。ただし、退職金については支給しない。

３．更新にあたって会社が提示する勤務時間及び賃金等の労働条件については、更新前の条件とは異なる場合がある。

第６条（休職制度）

再雇用契約社員には、休職制度については適用しない。

第７条（勤務場所・担当職務）

再雇用後に配置する職場及び担当する職務については、会社が事前に本人の希望を聴取した上で、諸事情を総合的に勘案して個別に決定し通知する。

第８条（休暇）

再雇用契約社員の年次有給休暇については、定年退職前から再雇用以降まで引き続き勤務しているものとして継続勤務年数を算定する。ただし、第５条における②の短時間再雇用契約社員については、労働基準法に定める比例付与日数とする。

２．会社は、再雇用契約社員に対して正社員と同様に特別休暇を付与する。

第9条（社会保険）
会社は、再雇用契約社員を健康保険、厚生年金保険及び雇用保険に加入させる。ただし、短時間再雇用契約社員については、勤務時間に応じて関連する法に従うものとする。

第10条（退職の申し出）
再雇用契約社員が自己の都合で契約期間の中途で退職することを希望するときは、2週間前までに会社に申し出なければならない。

第11条（創業支援措置等）
会社は本規程で定める再雇用契約以外にも、委託契約等に基づく創業支援措置を設けることがある。これについては別途、定めるものとする。

第12条（その他の適用）
この協定に規定のない事項については、労働基準法、高年齢者雇用安定法その他の法令の定めるところによる。

（付則）
この規程は、○年○月○日より施行する。

※ 対象者基準については、次頁を参照願います。

※ 対象者基準については、一般的に以下のようなものが挙げられます。
第１編第４章❷（61頁参照）にも基本的な考え方が記載されているのでご留意願います。

（１）「働く意志・意欲」に関する基準
・就労する意欲があり、引き続いて勤務を希望する者
・定年退職後、直ちに業務に従事できる者

（２）「勤務態度」に関する基準
・過去○年間の出勤率が○○％以上
・過去○年間に無断欠勤がないこと

（３）「健康」に関する基準
・直近の健康診断の結果で業務に支障がないと認められたこと

（４）「能力・経験」に関する基準
・担当する業務遂行に必要な資格を有していること
・過去１年の人事評価の平均がＢ（標準）以上であること

（５）「技能伝承」に関する基準
・社内検定で基準以上のスキルを持ち合わせていること
・更新に技術・技能の伝承ができること

（６）「その他」の基準
・顧客からのクレームが会社で定める基準以下であること　等

定年後再雇用契約社員の労働条件通知書例

以下に一般的な労働条件通知書の例として挙げてみました。これをもとに相互に署名捺印する契約書に置き換えることができます。また、規程例と同じく、個別の状況及び運用の在り方によっては違法となる場合も考えられるので注意願います。

シニア社員労働条件通知書

殿	年　月　日 事業場名称・所在地 使用者職氏名
契約期間	期間の定めあり（　年　月　日～　年　月　日） 1　契約の更新の有無 [更新する場合があり得る・その他（　　）] 2　契約の更新は次により判断する。 （・契約期間満了時の業務量　・勤務成績、勤務態度　・能力　・健康状態 ・会社の経営状況　・従事している業務の進捗状況 ・その他（　　））
就業の場所	
従事すべき業務の内容	
始業、終業の時刻、休憩時間、所定時間外労働の有無に関する事項	1　始業・終業の時刻等 （1）始業（　時　分）終業（　時　分） 【以下の制度が労働者に適用される場合】 （2）変形労働時間制等；（　）単位の変形労働時間制・交替制として、次の勤務時間の組み合わせによる。 始業（　時　分）終業（　時　分）（適用日　　） 始業（　時　分）終業（　時　分）（適用日　　） 始業（　時　分）終業（　時　分）（適用日　　） ○詳細は、就業規則第　条～第　条、第　条～第　条、第　条～第　条 2　休憩時間（60分） 3　所定時間外労働の有無（有）

休　　日	・定例日；毎週　　曜日、国民の祝日、その他（　　　　　　） ・非定例日；週・月当たり　　日、その他（　　　　　　） ○詳細は、就業規則第　条～第　条、第　条～第　条
休　　暇	1　年次有給休暇　　　　　日 時間単位年休（無） 2　その他の休暇　有給（　　　　　　） 無給（　　　　　　） ○詳細は、就業規則第　条～第　条、第　条～第　条
賃　　金	1　基本給　月給（　　　　円） 時間給（　　　円） その他（　　　　円） シニア等級その他 ［　　　　　　　　　　］ 2　諸手当の額又は計算方法 （通勤手当　　　円　／計算方法：　　　　　　） （　　手当　　　円　／計算方法：　　　　　　） 3　所定時間外、休日又は深夜労働に対して支払われる割増賃金率 イ　所定時間外、法定超　月60時間以内（　　）％ 月60時間超　（　　）％ 所定超　（　　）％ ロ　休日　法定休日（　　）％、法定外休日（　　）％ ハ　深夜（　　）％ 4　賃金締切日（　　）－毎月　日、（　　）－毎月　日 5　賃金支払日（　　）－毎月　日、（　　）－毎月　日 6　賃金の支払方法（　　　　　　　） 7　労使協定に基づく賃金支払時の控除（有／　　　） 8　昇給（無） 9　賞与（有／6月・12月／シニア規程に基づく）
退職に関する事項	2　継続雇用制度（有/70歳まで） 3　自己都合退職の手続（原則として退職する30日以上前に届け出ること） 4　解雇の事由及び手続 （　　　　　　　　　　） ○詳細は、就業規則第　条～第　条、第　条～第　条による。
そ　の　他	・社会保険の加入状況（健康保険・介護保険・厚生年金） ・雇用保険の適用（有） ・雇用管理の改善等に関する事項に係る相談窓口 部署名　　　　担当者職氏名　　　　（連絡先　　　　　） ・その他（　　　　　　　　　　）

※ 以上のほかは、当社就業規則による。

3 高年齢者雇用のリスク度チェック

以下は70歳就業に向けて、これに伴う人事労務マネジメントにおけるリスクがどの程度かをとらえるためのチェックリストです。

※ ○の数が5個以上となれば要注意ともいえます。

高年齢者雇用におけるリスク度チェック表

① 社員の平均年齢が高い（とくに40歳以上など)。
② 全社員に占める管理職の人数が多い（とくに3割以上など)。
③ 管理職のなかに部下のいない者が少なからずいる。
④ 正社員に対して非正規雇用の社員が多く、非正規雇用社員の仕事の内容が正規雇用と明確に区分されているとは必ずしも言い難い。
⑤ 定期昇給を高年齢者（とくに50歳以上）に対しても制度として実施している。
⑥ 基本給の構成要素に年齢給や勤続給がある。
・職能給の内容や運用が年功的なものとなっており、自動的に昇給する額が少なくない。
・管理職においても職能給のウエイトが高くなっている。
⑦ 賞与制度が、基本給に一定の月数を乗じる方式となっている。(査定は反映されるもののそれほど大きな影響はない)。

〔以下、定年後の継続雇用者（再雇用者など）について〕
⑧ これまではそうでもなかったが、今後はかなり増加していく。
⑨ 担当職務について必ずしも明らかになっているとはいえない。
⑩ 定年後も当然のようにライン管理職としてとどまる社員がいる。
⑪ フルタイムで仕事の内容や職責がこれまでと明確に変わらないの

に、賃金のみ大きく下がってしまう（例：6割未満となってしまう）。
⑫ 第二定年（65歳など）が明確に定められていない。
⑬ 評価（人事考課）を制度として定期的に行っているとはいえない。
⑭ 定年制はあるが、企業も本人もあまり意識せずに、なし崩し的に勤務延長となってしまっているのが現状だ。

※ ここでいう高年齢者とは、定年（60歳など）後の社員を中心に、広く定年前の50歳代の社員も含めたものです。

定年後の再雇用者の処遇に関連する裁判例から

1. 五島育英会事件〔東京地裁 2018.4/11 判決〕

専任教諭の職にあった原告が定年後に嘱託教諭として再雇用された後に、定年前と比較して6割に減額となったのは不合理であるとして訴えた案件です。

正職員の賃金体系がきわめて年功的なものであり、定年前は年齢給からしてもっとも高い水準にあり、あわせて定年後の規定は労働組合との交渉を経て合意に至ったものであり、不合理とはいえないと判断されたものです。定年後には担任の職責から除外され、授業の時間数も限られるなどの違いが明確にあったことなどが考慮されたものです。

2. 長澤運輸事件〔最高裁 2018.6/1 判決〕

最高裁判決として、原告が正社員とは賃金体系が異なる定年後の再雇用者であることからも注目された事件です。従業員数十名の中小の運送業における運転職種について判断がなされました。

非正規社員としての再雇用者（原告）の年収をみると、正社員（定年退職前）のほぼ8割の水準にあるということも踏まえ、不合理とまではいえないとしました。あわせて、定年まで勤務したうえの再雇用者については、退職金の支給を受け、老齢厚生年金（報酬比例部分）の支給を受けるまでの間は調整給も支給されることなど、特別な措置が取られていることも「その他の事情」としての判断材料として認められたようです。ただし、精勤手当について支給しないのは不合理であるとしました。

また賞与については、労務の対価の後払い、功労報償、生活費の補助、労働者の意欲向上などの目的があることを認めています。

3. 日本ビューホテル事件〔東京地裁 2018.11/21 判決〕

定年後に再雇用された後に定年前と比較して5割台に減額となったのは不合理であるとして訴えた案件ですが､不合理ではないと判断されました。

原告は、定年後は営業職として勤務することになりましたが、役職に就くこともなく､また売上げ目標が達成できなかった場合の評価や承認行為、クレーム対応、配転の有無などをみても定年前の正社員とは明らかに異なることを受けての判断です。あわせて、55歳時点における役職定年後の賃金が14%の減額に留まっており、職責が低減した割には高額であり、正社員には長期雇用を前提とした年功的な賃金制度であったことも踏まえての判断となったものです。また、賃金の決定にあたって労使協議がなくても影響は及ばないとしました。

4. 名古屋自動車学校事件〔名古屋地裁 2020.10/28 判決〕

自動車学校の教習指導員が、定年後に嘱託（有期契約1年の数回更新）として勤務していたが基本給が定年前と比較して5割以下（約8万円）に減額となり、役付手当や家族手当も支給されず、賞与についても減額され、賃金総額でみると6割程度となったことについて訴えた案件です。大枠として不合理であると判断されました。

その理由としては、嘱託者の賃金について年功的な性格がないにしても基本給が若年正社員の水準をも下回る低額であったこと、労使で協議した経緯もなく、退職金を受領しており、高年齢雇用継続基本給付金や老齢厚生年金を受給できるにしても、生活保障の観点からして見過ごすことができないなどが挙げられています。また、皆精勤手当、敢闘賞（精励手当）についてはその趣旨からして減額することは不合理であるとしました。

あわせて、役職から外れたとしても職務の内容や範囲、配置の範囲に変更がなかったことも理由としてみることができると思われます。

助成金の活用

定年を引き上げる等の場合には、奨励金（公的助成金）が設けられています。以下は2022年度現在のものです。今後廃止も含めての改定が想定されますので注意してください。

以下の問い合わせ先は、①～③が（独）「高齢・障害・求職者雇用支援機構」、④～⑥が都道府県労働局等になります。詳しくは、「雇用・労働分野の助成金のご案内」を始め、厚生労働省等のサイトを参照してください。

① 65歳超継続雇用促進コース

1）65歳以上への定年引上げ、2）定年の廃止、3）希望者が全員対象となる66歳以上の継続雇用制度の導入、4）他社による継続雇用制度の導入のいずれかを実施した場合に支給されます。

上記のどの措置を実施するにしても、実施前の定年または継続雇用年齢（4では他の事業主における継続雇用年齢も同様です）が70歳未満である場合に支給されます。

② 高年齢者評価制度等雇用管理改善コース

高年齢者に対する雇用管理制度を整備する措置を実施した場合に、経費の一部が支給されます。対象となる措置は以下のとおりです。

1）高年齢者の職業能力を評価する仕組みと賃金・人事処遇制度の導入または改善

2）高年齢者の希望に応じた短時間勤務制度や隔日勤務制度などの導入または改善

3）高年齢者の負担を軽減するための在宅勤務制度の導入または改善

4）高年齢者が意欲と能力を発揮して働くために必要な知識を付与する研修制度の導入または改善

5）専門職制度など、高年齢者にとって適切な役割を付与する制度の導入または改善
6）法定外の健康管理制度（胃がん検診等や生活習慣病予防検診）の導入等

③ 高年齢者無期雇用転換コース

50歳以上で定年年齢未満の有期契約労働者を無期雇用に転換させた場合に支給されます。

④ 高年齢労働者処遇改善促進助成金

60歳から64歳までの高年齢者に適用する賃金規程等に定める額を増額改定した場合に支給されます。

〔特定求職者雇用開発助成金〕
⑤ 特定就職困難者コース

高年齢者（60歳以上65歳未満）や障がい者など、就職が特に困難な者をハローワークや民間の職業紹介事業者等の紹介により、継続雇用者として雇い入れた場合に支給されます。

〔特定求職者雇用開発助成金〕
⑥ 生涯現役コース

65歳以上の離職者を、ハローワークや民間の職業紹介事業者等の紹介により、1年以上継続して雇用する場合に支給されます。

上記以外の助成金などもあり、厚労省のサイトなどで確認願います。

高年齢者等の雇用の安定等に関する法律〈抄〉

【資料】

高年齢者等の雇用の安定等に関する法律〈抄〉

第1章　総　則

（目的）

第1条　この法律は、定年の引上げ、継続雇用制度の導入等による高年齢者の安定した雇用の確保の促進、高年齢者等の再就職の促進、定年退職者その他の高年齢退職者に対する就業の機会の確保等の措置を総合的に講じ、もつて高年齢者等の職業の安定その他福祉の増進を図るとともに、経済及び社会の発展に寄与することを目的とする。

（定義）

第2条　この法律において「高年齢者」とは、厚生労働省令で定める年齢以上の者をいう。

2　この法律において「高年齢者等」とは、高年齢者及び次に掲げる者で高年齢者に該当しないものをいう。

一　中高年齢者（厚生労働省令で定める年齢以上の者をいう。次項において同じ。）である求職者（次号に掲げる者を除く。）

二　中高年齢失業者等（厚生労働省令で定める範囲の年齢の失業者その他就職が特に困難な厚生労働省令で定める失業者をいう。第3章第3節において同じ。）

3　この法律において「特定地域」とは、中高年齢者である失業者が就職することが著しく困難である地域として厚生労働大臣が指定する地域をいう。

（基本的理念）

第3条　高年齢者等は、その職業生活の全期間を通じて、その意欲及び能力に応じ、雇用の機会その他の多様な就業の機会が確保され、職業生活の充実が図られるように配慮されるものとする。

2　労働者は、高齢期における職業生活の充実のため、自ら進んで、高齢期における職業生活の設計を行い、その設計に基づき、その能力の開発及び向上並びにその健康の保持及び増進に努めるものとする。

（事業主の責務）

第4条　事業主は、その雇用する高年齢者について職業能力の開発及び向上並びに作業施設の改善その他の諸条件の整備を行い、並びにその雇用する高年齢者等について再就職の援助等を行うことにより、その意欲及び能力に応じてその者のための雇用の機会の確保等が図られるよう努めるものとする。

2　事業主は、その雇用する労働者が高齢期においてその意欲及び能力に応じて就業することにより職業生活の充実を図ることができるようにするため、その高齢期における職業生活の設計について必要な援助を行うよう努めるものとする。

（国及び地方公共団体の責務）

第5条　国及び地方公共団体は、事業主、労働者その他の関係者の自主的な努力を尊重しつつその実情に応じてこれらの者に対し必要な援助等を行うとともに、高年齢者等の再就職の促進のために必要な職業紹介、職業訓練等の体制の整備を行う等、高年齢者等の意欲及び能力に応じた雇用の機会その他の多様な就業の機会の確保等を図るために必要な施策を総合的かつ効果的に推進するように努めるものとする。

（高年齢者等職業安定対策基本方針）

第6条　厚生労働大臣は、高年齢者等の職業の安定に関する施策の基本となるべき方針（以下「高年齢者等職業安定対策基本方針」という。）を策定するものとする。

2　高年齢者等職業安定対策基本方針に定める事項は、次のとおりとする。

一　高年齢者等の就業の動向に関する事項

二　高年齢者の就業の機会の増大の目標に関する事項

三　第4条第1項の事業主が行うべき職業能力の開発及び向上、作業施設の改善その他の諸条件の整備、再就職の援助等並びに同条第2項の事業主が行うべき高齢期における職業生活の設計の援助に関して、その適切かつ有効な実施を図るため必要な指針となるべき事項

四　高年齢者雇用確保措置等（第9条第1項に規定する高年齢者雇用確保措置及び第10条の2第4項に規定する高年齢者就業確保措置をいう。第11条において同じ。）の円滑な実施を図るため講じようとする施策の基本となるべ

き事項

五　高年齢者等の再就職の促進のため講じようとする施策の基本となるべき事項

六　前各号に掲げるもののほか、高年齢者等の職業の安定を図るため講じようとする施策の基本となるべき事項

3　厚生労働大臣は、高年齢者等職業安定対策基本方針を定めるに当たつては、あらかじめ、関係行政機関の長と協議するとともに、労働政策審議会の意見を聴かなければならない。

4　厚生労働大臣は、高年齢者等職業安定対策基本方針を定めたときは、遅滞なく、その概要を公表しなければならない。

5　前二項の規定は、高年齢者等職業安定対策基本方針の変更について準用する。

（適用除外）

第7条　この法律は、船員職業安定法（昭和23年法律第130号）第6条第1項に規定する船員については、適用しない。

2　前条、次章、第3章第2節、第49条及び第52条の規定は、国家公務員及び地方公務員については、適用しない。

第2章　定年の引上げ、継続雇用制度の導入等による高年齢者の安定した雇用の確保の促進等

（定年を定める場合の年齢）

第8条　事業主がその雇用する労働者の定年（以下単に「定年」という。）の定めをする場合には、当該定年は、60歳を下回ることができない。ただし、当該事業主が雇用する労働者のうち、高年齢者が従事することが困難であると認められる業務として厚生労働省令で定める業務に従事している労働者については、この限りでない。

（高年齢者雇用確保措置）

第9条　定年（65歳未満のものに限る。以下この条において同じ。）の定めをしている事業主は、その雇用する高年齢者の65歳までの安定した雇用を確保するため、次の各号に掲げる措置（以下「高年齢者雇用確保措置」という。）のいずれかを講じなければならない。

一　当該定年の引上げ

二　継続雇用制度（現に雇用している高年齢者が希望するときは、当該高年齢者をその定年後も引き続いて雇用する制度をいう。以下同じ。）の導入

三　当該定年の定めの廃止

2　継続雇用制度には、事業主が、特殊関係事業主（当該事業主の経営を実質的に支配することが可能となる関係にある事業主その他の当該事業主と特殊の関係のある事業主として厚生労働省令で定める事業主をいう。以下この項及び第10条の2第1項において同じ。）との間で、当該事業主の雇用する高年齢者であつてその定年後に雇用されることを希望するものをその定年後に当該特殊関係事業主が引き続いて雇用することを約する契約を締結し、当該契約に基づき当該高年齢者の雇用を確保する制度が含まれるものとする。

3　厚生労働大臣は、第1項の事業主が講ずべき高年齢者雇用確保措置の実施及び運用（心身の故障のため業務の遂行に堪えない者等の継続雇用制度における取扱いを含む。）に関する指針（次項において「指針」という。）を定めるものとする。

4　第6条第3項及び第4項の規定は、指針の策定及び変更について準用する。

（公表等）

第10条　厚生労働大臣は、前条第1項の規定に違反している事業主に対し、必要な指導及び助言をすることができる。

2　厚生労働大臣は、前項の規定による指導又は助言をした場合において、その事業主がなお前条第1項の規定に違反していると認めるときは、当該事業主に対し、高年齢者雇用確保措置を講ずべきことを勧告することができる。

3　厚生労働大臣は、前項の規定による勧告をした場合において、その勧告を受けた者がこれに従わなかつたときは、その旨を公表することができる。

（高年齢者就業確保措置）

第10条の2　定年（65歳以上70歳未満のものに限る。以下この条において同じ。）の定めをしている事業主又は継続雇用制度（高年齢者を70歳以上まで引き続いて雇用する制度を除く。以下この項において同じ。）を導入している事業主は、その雇用する高年齢者（第9条第2項の契約に基づき、当該事業主と当該契約を締結した特殊関係事業主に現に雇用されている者を含み、厚生労働省令で定める者を除く。以下この条において同じ。）について、次に掲げる措置を講ずることにより、65歳から70歳までの安定した雇用を確保するよう努めなければならない。ただし、当該事業主が、労働者の過半数で組織する労働組合がある場合においてはその労働組合の、労働者の過半数で組織する労働組合がない場合においては労働者の過半数を代表する者の同意を厚生労働省令で定めるところにより得た創業支援等措置を講ずることにより、その雇用する高年齢者について、定年後等（定年後又は継続雇用制度の対象となる年齢の上限に達した後をいう。以下この条において同じ。）又は第2号の65歳以上継続雇用制度の対象となる年齢の上限に達した後70歳までの間の就業を確保する場合は、この限りでない。

一　当該定年の引上げ

二　65歳以上継続雇用制度（その雇用する高年齢者が希望するときは、当該高年齢者をその定年後等も引き続いて雇用する制度をいう。以下この条及び第52条第1項において同じ。）の導入

三　当該定年の定めの廃止

2　前項の創業支援等措置は、次に掲げる措置をいう。

一　その雇用する高年齢者が希望するときは、当該高年齢者が新たに事業を開始する場合（厚生労働省令で定める場合を含む。）に、事業主が、当該事業を開始する当該高年齢者（厚生労働省令で定める者を含む。以下この号において「創業高年齢者等」という。）との間で、当該事業に係る委託契約その他の契約（労働契約を除き、当該委託契約その他の契約に基づき当該事業主が当該事業を開始する当該創業高年齢者等に金銭を支払うものに限る。）を締結し、当該契約に基づき当該高年齢者の就業を確保する措置

二　その雇用する高年齢者が希望するときは、次に掲げる事業（ロ又はハの事業については、事業主と当該事業を実施する者との間で、当該事業を実施する者が当該高年齢者に対して当該事業に従事する機会を提供することを約する契約を締結したものに限る。）について、当該事業を実施する者が、当該高年齢者との間で、当該事業に係る委託契約その他の契約（労働契約を除き、当該委託契約その他の契約に基づき当該事業を実施する者が当該高年齢者に金銭を支払うものに限る。）を締結し、当該契約に基づき当該高年齢者の就業を確保する措置（前号に掲げる措置に該当するものを除く。）

イ　当該事業主が実施する社会貢献事業（社会貢献活動その他不特定かつ多数の者の利益の増進に寄与することを目的とする事業をいう。以下この号において同じ。）

ロ　法人その他の団体が当該事業主から委託を受けて実施する社会貢献事業

ハ　法人その他の団体が実施する社会貢献事業であつて、当該事業主が当該社会貢献事業の円滑な実施に必要な資金の提供その他の援助を行つているもの

3　65歳以上継続雇用制度には、事業主が、他の事業主との間で、当該事業主の雇用する高年齢者であつてその定年後等に雇用されることを希望するものをその定年後等に当該他の事業主が引き続いて雇用することを約する契約を締結し、当該契約に基づき当該高年齢者の雇用を確保する制度が含まれるものとする。

4　厚生労働大臣は、第1項各号に掲げる措置及び創業支援等措置（次条第1項及び第2項において「高年齢者就業確保措置」という。）の実施及び運用（心身の故障のため業務の遂行に堪えない者等の六十五歳以上継続雇用制度及び創業支援等措置における取扱いを含む。）に関する指針（次項において「指針」という。）を定めるものとする。
5　第6条第3項及び第4項の規定は、指針の策定及び変更について準用する。

（高年齢者就業確保措置に関する計画）

第10条の3　厚生労働大臣は、高年齢者等職業安定対策基本方針に照らして、高年齢者の65歳から70歳までの安定した雇用の確保その他就業機会の確保のため必要があると認めるときは、事業主に対し、高年齢者就業確保措置の実施について必要な指導及び助言をすることができる。
2　厚生労働大臣は、前項の規定による指導又は助言をした場合において、高年齢者就業確保措置の実施に関する状況が改善していないと認めるときは、当該事業主に対し、厚生労働省令で定めるところにより、高年齢者就業確保措置の実施に関する計画の作成を勧告することができる。
3　事業主は、前項の計画を作成したときは、厚生労働省令で定めるところにより、これを厚生労働大臣に提出するものとする。これを変更したときも、同様とする。
4　厚生労働大臣は、第2項の計画が著しく不適当であると認めるときは、当該計画を作成した事業主に対し、その変更を勧告することができる。

（高年齢者雇用等推進者）

第11条　事業主は、厚生労働省令で定めるところにより、高年齢者雇用確保措置等を推進するため、作業施設の改善その他の諸条件の整備を図るための業務を担当する者を選任するように努めなければならない。

第3章　高年齢者等の再就職の促進等

（再就職援助措置）

第15条　事業主は、その雇用する高年齢者等（厚生労働省令で定める者に限る。）その他厚生労働省令で定める者（以下この項及び次条第1項において「再就職援助対象高年齢者等」という。）が解雇（自己の責めに帰すべき理由によるものを除く。）その他の厚生労働省令で定める理由により離職する場合において、当該再就職援助対象高年齢者等が再就職を希望するときは、求人の開拓その他当該再就職援助対象高年齢者等の再就職の援助に関し必要な措置（以下「再就職援助措置」という。）を講ずるように努めなければならない。

2　公共職業安定所は、前項の規定により事業主が講ずべき再就職援助措置について、当該事業主の求めに応じて、必要な助言その他の援助を行うものとする。

（多数離職の届出）

第16条　事業主は、再就職援助対象高年齢者等のうち厚生労働省令で定める数以上の者が前条第1項に規定する厚生労働省令で定める理由により離職する場合には、あらかじめ、厚生労働省令で定めるところにより、その旨を公共職業安定所長に届け出なければならない。

2　前項の場合における離職者の数の算定は、厚生労働省令で定める算定方法により行うものとする。

（求職活動支援書の作成等）

第17条　事業主は、厚生労働省令で定めるところにより、解雇（自己の責めに帰すべき理由によるものを除く。）その他これに類するものとして厚生労働省令で定める理由（以下この項において「解雇等」という。）により離職することとなつている高年齢者等（厚生労働省令で定める者に限る。）が希望するときは、その円滑な再就職を促進するため、当該高年齢者等の職務の経歴、職業能力その他の当該高年齢者等の再就職に資する事項（解雇等の理由を除く。）として厚生労働省令で定める事項及び事業主が講ずる再就職援助措置を明らかにする書面（以下「求職活動支援書」という。）を作成し、当該高年齢者等に交付しなければならない。

2　前項の規定により求職活動支援書を作成した事業主は、その雇用する者のうちから再就職援助担当者を選任し、その者に、当該求職活動支援書に基づいて、厚生労働省令で定めるところにより、公共職業安定所と協力して、当該求職活動支援書に係る高年齢者等の再就職の援助に関する業務を行わせるものとする。

（指導、助言及び勧告）

第18条　厚生労働大臣は、前条第1項の規定に違反している事業主に対し、必要な指導及び助言をすることができる。

2　厚生労働大臣は、前項の規定による指導又は助言をした場合において、その事業主がなお前条第1項の規定に違反していると認めるときは、当該事業主に対し、求職活動支援書を作成し、当該求職活動支援書に係る高年齢者等に交付すべきことを勧告することができる。

（求職活動支援書に係る労働者に対する助言その他の援助）

第19条　求職活動支援書の交付を受けた労働者は、公共職業安定所に求職の申込みを行うときは、公共職業安定所に、当該求職活動支援書を提示することができる。

2　公共職業安定所は、前項の規定により求職活動支援書の提示を受けたときは、当該求職活動支援書の記載内容を参酌し、当該求職者に対し、その職務の経歴等を明らかにする書面の作成に関する助言その他の援助を行うものとする。

3　公共職業安定所長は、前項の助言その他の援助を行うに当たり、必要と認めるときは、当該求職活動支援書を作成した事業主に対し、情報の提供その他必要な協力を求めることができる。

（募集及び採用についての理由の提示等）

第20条　事業主は、労働者の募集及び採用をする場合において、やむを得ない理由により一定の年齢（65歳以下のものに限る。）を下回ることを条件とするときは、求職者に対し、厚生労働省令で定める方法により、当該理由を示さなければならない。

2　厚生労働大臣は、前項に規定する理由の提示の有無又は当該理由の内容に関して必要があると認めるときは、事業主に対して、報告を求め、又は助言、指導若しくは勧告をすることができる。

（定年退職等の場合の退職準備援助の措置）

第21条　事業主は、その雇用する高年齢者が定年その他これに準ずる理由により退職した後においてその希望に応じ職業生活から円滑に引退することができるようにするために必要な備えをすることを援助するため、当該高年齢者に対し、引退後の生活に関する必要な知識の取得の援助その他の措置を講ずるように努めなければならない。

第8章　雑　則

（雇用状況等の報告）

第52条　事業主は、毎年一回、厚生労働省令で定めるところにより、定年、継続雇用制度、65歳以上継続雇用制度及び創業支援等措置の状況その他高年齢者の就業の機会の確保に関する状況を厚生労働大臣に報告しなければならない。

2　厚生労働大臣は、前項の毎年一回の報告のほか、この法律を施行するために必要があると認めるときは、厚生労働省令で定めるところにより、事業主に対し、同項に規定する状況について必要な事項の報告を求めることができる。

人事コンサルタントという仕事

早いもので人事コンサルタントと名刺に刷るようになって30年以上経った。

私がいつも提唱している“これからのあるべき人事制度”とは異なるが、さまざまな場を多く踏んだうえでの「年功」がものをいう仕事であると感じている。

仕事は常に縁の下の黒子であり、地味である。そもそも予定どおりいったとしても当たり前のことで、一方で失敗すればただちに大きな問題になってしまう。従って、失敗しないことこそがもっとも大事と新米の頃に教わった。

学校の先生や医師など、成ったときから先生と呼ばれる職業もあるが、私は30代半ばのときに初めて先生と言われたときはかなり戸惑った。クライエントと久しくつきあううちに、いつかの時点から自然に先生と言われるように変わっていた、これが本来の姿ではないかと思う。

人事コンサルでは、調査を始めとして一対一の面談がつきものだ。どんな大企業の社長であろうが、社会的に偉い人だろうがコンサルという名刺をもてば臆することはない。一方で、ときには入社してまだ半年というパート、アルバイトに対峙することもあるが、これも対等の立場である。

経営トップに対しては、これでクビになることも覚悟のうえ、必要なときには苦言を呈する。長いコンサル人生では非常勤役員を打診されたことも何度かあったが、全てお断りしてきた。外部の立場だからこそ直接モノが言える。こびへつらうようになってしまえば、その時をもってこの仕事は終わり。

ヒト、モノ、カネ、ジョウホウ etc. と経営資源はいくつも挙げられるが、ヒト；人は他とは決定的に異なる。なぜならば必ずしも思っているように動くものとは言えず、だからこそ予測も立ちにくいからだ。30万円の賃金だから、会社にそれに見合うだけ貢献すればよいという、“合理性”という前提が成りたたない。このような大変やっかいなシロモノだが、扱いによっては磨けば輝きを増してくる。この醍醐味は他ではなかなか味わえない。だから人事は面白い。

参考資料

- 「高年齢者雇用安定法改正の概要」
- 「高年齢者雇用安定法Q＆A集」
- 「副業・兼業の促進に関するガイドライン」
- 「テレワークの適切な導入及び実施の推進のためのガイドライン」
- 「在宅ワークの適正な実施のためのガイドライン」
- 「フリーランスとして安心して働ける環境を整備するためのガイドライン」
- 「ボランティアについて」
- 「高年齢労働者の安全と健康確保のためのガイドライン（エイジフレンドリーガイドライン）」
- 「職場におけるハラスメント対策マニュアル」
- 「雇用・労働分野の助成金のご案内」
〔以上、厚生労働省〕

- 「改正高年法の『社会貢献事業』は企業ボランティア活動か？（小野昌子）」
〔日本労働研究雑誌 734 号〕
- 「公益社団法人全国シルバー人材センター事業案内」〔同センター〕
- 「雇用形態別の賃金・年収水準」〔労務行政研究所 / 労政時報第 4027 号〕
- 「在職老齢年金、他年金関連」〔日本年金機構〕

その他、官公庁作成パンフレット、統計調査報告

- 「高年齢者雇用時代の人事・賃金管理〔経営書院〕
- 「企業経営を誤らない『同一労働同一賃金』の具体的な進め方」
〔労働調査会〕

著者紹介

二宮　孝（にのみや　たかし）

人事労務コンサルタント・株式会社パーソネル・ブレイン代表取締役

社会保険労務士（東京会所属）、全日本能率連盟認定マスター・マネジメント・コンサルタント

1955年広島県生まれ。早稲田大学法学部卒業後、東証一部上場商社人事部、大手外資系メーカー人事部、ダイヤモンドビジネスコンサルティング㈱（現在、三菱ＵＦＪリサーチ＆コンサルティング㈱）を経て独立。豊富な実務経験を踏まえた実践的なコンサルテーションを幅広く展開している。対象は民間企業（上場企業から中小零細企業）、社団・財団法人、地方自治体など150社（団体）を超える。

著書

- 「中小企業における働き方改革『同一労働同一賃金』の実践的手順」〔労働調査会（編著）／2021年12/13上梓〕
- 「企業経営を誤らない『同一労働同一賃金』の具体的な進め方」〔労働調査会／2020年12/14上梓〕
- 「わかりやすい『同一労働同一賃金』の導入手順」
- 「プロの人事賃金コンサルタントになるための教科書」〔日本法令〕
- 「高年齢者雇用時代の人事・賃金管理〔経営書院〕
- 「雇用ボーダーレス時代の最適人事管理マニュアル〔中央経済社〕
- 「役割能力等級制度の考え方・進め方」〔インデックス・コミュニケーションズ〕
- 「新しい給与体系と実務」〔同文舘〕
- 「仕事の基本がよくわかる人事考課の実務」〔同文舘〕
- 「パートタイマー採用・育成マニュアル」〔東京都産業労働局（編著）〕

他多数

○**オフィス**

〒150－0011　東京都渋谷区東３－15－８　小澤ビル501

TEL : 03－3406－5605

FAX : 03－3406－5396

ホームページ : http://www.personnel-brain.co.jp/

E-mail : ninomiya@personnel-brain.co.jp

70歳就業時代　高年齢者活用のポイント

令和４年12月23日　初版発行

著　者　二宮　孝
発行人　藤澤　直明
発行所　労働調査会
〒170-0004 東京都豊島区北大塚2-4-5
TEL　03-3915-6401（代表）
FAX　03-3918-8618
https://www.chosakai.co.jp/

ISBN978-4-86319-955-2 C2034

memo

memo